"方法论三部曲"之三

教育改革方法论

——培养创新能力必由之路

席文举 著

人民日报出版社

北 京

图书在版编目（CIP）数据

教育改革方法论：培养创新能力必由之路 / 席文举
著 . —北京：人民日报出版社，2023.7
ISBN 978-7-5115-7879-2

Ⅰ.①教… Ⅱ.①席… Ⅲ.①教育改革—研究—中国
Ⅳ.①G521

中国国家版本馆CIP数据核字（2023）第113156号

书　　名：教育改革方法论：培养创新能力必由之路
　　　　　JIAOYU GAIGE FANGFALUN : PEIYANG CHUANGXIN NENGLI
　　　　　BIYOU ZHILU
作　　者：席文举
出 版 人：刘华新
责任编辑：林　薇　梁雪云
封面设计：中尚图
出版发行：人民日报出版社
社　　址：北京金台西路2号
邮政编码：100733
发行热线：（010）65369527　65369846　65369509　65369512
邮购热线：（010）65369530
编辑热线：（010）65369844
网　　址：www.peopledailypress.com
经　　销：新华书店
印　　刷：天津中印联印务有限公司
法律顾问：北京科宇律师事务所010-83632312
开　　本：787mm×1092mm　1/16
字　　数：165千字
印　　张：15
版次印次：2023年7月第1版　2023年7月第1次印刷
书　　号：ISBN 978-7-5115-7879-2
定　　价：69.00元

实施方法论教育的三大措施——

编好一套方法和知识并重的教材

培养一支方法论过硬的教师队伍

出版一套方法论学习丛书

　　思维方法库决定一个人的思维生产力和创造力。21世纪的竞争，是知识创新和技术创新的竞争，是具有创新能力的高素质人才的竞争，归根到底是思维方法库的竞争。所以，学校教育必须为每一个学生打造和建设一个现代化的思维方法库。

牛顿在三一学院巴罗教授的指导下，钻研了人类两个思维方法大师的思维方法，一个是亚里士多德总结提出的三段式演绎法，另一个是笛卡尔提出的一整套"建立科学的科学"方法论；同时又研究了两个使用思维方法的样板，一个是欧几里得使用演绎法的样板《几何原本》，另一个是笛卡尔使用坐标系的方法研究几何的《笛卡尔解析几何》，从而获得空前的成功。

　　剑桥大学三一学院巴罗教授在短短三四年间，运用方法和方法论教育，将牛顿从一个奖学金考试落榜的并不聪明的学生，培养成为世界上最聪明的科学家，他马上主动让贤，推荐牛顿取代自己数学教授的席位。

人类近 500 年的创新成果为什么远远超过之前 5000 年的成就？因为人类掌握了创新的思维路径——笛卡尔方法论。500 年来的科学技术创新，遵循的都是笛卡尔方法论。

　　牛顿是第一个使用笛卡尔方法论建立起万有引力理论的科学家。他从研究苹果为什么落到地上提出了万有引力的设想，然后采用演绎推理法论证了万有引力。哲学家伏尔泰在写给法国人的信中推荐笛卡尔和牛顿，他说："笛卡尔给我们指明了通向真理的道路，而牛顿沿着这条道路走到了终点。"

我们的教育为什么培养不出诺贝尔科学奖的人才？最根本的原因，就是只重视传授知识，忽视方法智慧的教育。而创新能力的培养，就在于训练"建立科学的科学"的笛卡尔方法论的基本功。

　　中国的教育改革，必须从以知识教育为中心，转轨到以方法教育为中心，以方法教育统率知识教育。学校应该提出一个响亮的口号：为每个学生建设和打造一个现代化的思维方法库。一个学生思维加工能力的强弱，不是取决于他掌握了多少知识，而是取决于他掌握了多少方法和方法论。

序 言

培养创新能力的根本途径

王梓坤 [1]

席文举先生的《教育改革方法论——培养创新能力必由之路》分析我国教育之所以培养不出诺贝尔科学奖的人才，根本原因在于我们学校的教育只有灌输知识的知识教育，忽视"建立科学的科学"方法论的教育。我以为，作者的这一观点对我国的教育改革问题可谓画龙点睛，一语中的。

俗话说"忙要忙到点子上"。现在学校里人人都很忙，老师忙，学生忙，家长忙，几乎个个都忙得焦头烂额。结果呢？多数人都不满意，因为都没有忙在点子上，不仅事倍功半，而且带来不少负面效应。

我们的学校都想培养精英人才，学生家长也都望子成龙，但实际情况与他们的期望相去甚远。为什么？原因很多，其中最为重要、又

---

[1] 王梓坤，中国科学院院士、北京师范大学教授、数学家，曾任北京师范大学校长、科学方法论研究会主任。他写的《科学发现纵横谈》一书阐释500年来科学发现的思维方法，30多年来再版数十次，荣获国家图书奖、"五个一工程奖"、优秀科普作品奖等多种奖项，长销不衰。

最不被人认识的原因，是没有掌握科学家和哲学家们已经总结出来的探索真理、不断创新的笛卡尔方法论。

人类近 500 年的创新成果为什么远远超过之前 5000 年的成就？因为人类掌握了创新的思维路径——笛卡尔方法论。500 年来的科学技术创新，遵循的都是笛卡尔方法论思维路线。中国人没有参加西方那场科学技术大革命，所以很少有人知道，笛卡尔方法论是西方科学技术大革命的思维原动力。牛顿如此，爱因斯坦亦复如是，那一门又一门科学、一个又一个诺贝尔科学奖，都离不开笛卡尔方法论的思维认识路线。

法国哲学家伏尔泰于 18 世纪 30 年代在英国写给法国人的信中推荐笛卡尔和牛顿，他说："笛卡尔给我们指明了通向真理的道路，而牛顿沿着这条道路走到了终点。"

现在国家提出"大众创业、万众创新"的口号，如何才能做到万众创新呢？许多人都感到茫然，对于创新的认识一片空白。不懂得笛卡尔方法论，想创新也是盲人骑瞎马，既不知道创新的方向，更无从知道怎么论证选题的科学性和准确性。要普遍提高中国学生的创新能力，只有一条路可行，那就是学校教育必须紧紧抓住方法论教育这个根本。中国的教育改革必须从以知识教育为中心，转轨到以方法教育为中心，以方法教育统率知识教育。

作者在书中提出，学校教育要保证为每一个学生建设一个现代化的思维方法库。思维方法库决定一个人的思维生产力和创造力。21 世纪的竞争，是知识创新和技术创新的竞争，是具有创新能力的高素质人才的竞争，归根到底是思维方法库的竞争。面对这样的形势，我们每一个人，无论从事何种职业，都不能缺少创新能力。所以，建设一个现代化的思维方法库，让每个学生都能熟练运用笛卡尔方法论，乃是当今学校教育不能放松的任务，也是学生刻不容缓的任务，是中华民族复兴赋予中国教育的伟大而神圣的使命。

我在《科学发现纵横谈》一书中说过：爱因斯坦曾经阐述在使用公理化方法证明结论的时候，理论家的工作可分成两步，首先是发现公理，其次是从公理推出结论。哪一步更难一些呢？如果科研人员在学生时代已经得到很好的基本理论、逻辑推理和数学的训练，那么，他走第二步时，只要"相当勤奋和聪明，就一定能够成功"。爱因斯坦特别强调，科研人员一定要在学生时代就得到很好的基本理论、逻辑推理和数学的训练。所以，学生时代完成逻辑推理的训练和思维方法库的建设，乃是学校教育的一项根本任务。这是培养创新人才最基础的工作。

目 录
CONTENTS

第一章　当今中国第一难题 　/ 1

第二章　西方国家的创新能力为什么强　 / 6

西方三大革命的内在关系　/ 7

笛卡尔寻找真理的思维路线　/ 9

笛卡尔方法论的巨大功绩　/ 14

第三章　三一学院巴罗教授培养牛顿的启示　 / 19

第四章　中国人在演绎法面前的表现　 / 26

三段式演绎法　/ 26

晏子使楚的雄辩是中国人运用演绎法的经典案例　/ 28

使用演绎法却为什么没有总结出演绎法　/ 31

"人人眼中有　个个心中无"的方法论水平　/ 35

第五章　为什么科学技术大革命没有发生在中国　/ 41

第六章　中国人对证明一无所知？　/ 54

莱布尼兹之说正中要害　/ 54

中国人的类比论证　/ 56

西方人如何看重证明　/ 61

《资本论》的论证方法　/ 65

警钟敲响三百年　/ 66

第七章　中国人与美国人的思维差距有多大　/ 68

第八章　知识、方法和方法论　/ 74

什么是思维方法？　/ 74

什么是方法论？　/ 76

方法比知识重要千百倍　/ 79

犹太人的智慧来自方法　/ 84

第九章　中国和日本治未病的方法对比　/ 88

第十章　共享经济的领军和跟班　/ 99

Uber 让我陷入了沉思　/ 99

罗宾·蔡斯是怎么创造出共享经济模式的？　/ 101

中国具备产生共享经济模式的条件　/ 104

一个美国妈妈 PK 了多少中国人　/ 105

第十一章　方法教育是培养创新能力的必由之路　/ 108

北大、清华何以无缘诺贝尔奖?　/ 108

"清风老草的博客"给出的答案　/ 109

网民提出:为什么中国学校不教逻辑学?　/ 111

忽视方法教育铸成方向性错误　/ 114

每个学生都要建设一个现代化的思维方法库　/ 115

第十二章　方法论开创中国报业的黄金时代　/ 118

模型法推动中国旅游体制改革新潮流　/ 118

不拘一格施裂变　/ 120

都市报对晚报的批判性思维　/ 124

《敲门发行学》的诞生　/ 127

PK 文科生　/ 132

第十三章　教育改革中的几个认识误区　/ 136

也谈素质教育　/ 136

通才教育名不副实　/ 143

建设和批判都不可少　/ 145

外因和内因混淆不清　/ 149

第十四章　方法论教育要从中小学抓起　/ 155

国家的强盛系于中小学教师的讲台　/ 155

美国中小学的说理方法教育　/ 157

应该加大小学方法教育比重　/ 163

中学应开设科学思维方法课　/ 167

第十五章　　大学生要学好高等数学　／ 171

数学是人类思维的体操　／ 172

数学大师们是如何建立新科学的？　／ 175

我国高校普遍不重视方法论教育　／ 179

重新编写贯穿方法论的《高等数学》　／ 181

第十六章　　保证方法论教育的两大措施　／ 183

重编一套方法和知识并重的教材　／ 183

培养一支方法论过硬的教师队伍　／ 186

第十七章　　倾力打造方法论学习书库　／ 188

中国人营养不良？　／ 188

编辑出版普适方法学习丛书　／ 192

出版一套笛卡尔方法论学习丛书　／ 193

组织庞大的力量编辑方法论书库　／ 194

第十八章　　教育改革的系统工程和主体工程　／ 196

培养创新能力的系统工程　／ 196

建立科学的考试制度　／ 198

建立以创新成果评判的职称评定制度　／ 200

主体工程和配套工程　／ 201

第十九章　　方法论教育是改革的大方向　／ 204

逆向思维，从别人身上反观自己的问题　／ 204

摸准脉搏对症下药，打造现代化思维方法库　／ 206

第二十章　十年大计，百年大计，千年大计　/ 210

人类思维的进化仍在继续　/ 210

做一个千年思维规划　/ 211

把"想"的问题作为民生大事来抓　/ 212

为什么要纪念笛卡尔？　/ 213

让一部分人的思维方法库先富起来　/ 214

一道方法论的公开测试题　/ 216

参考书目　/ 220

第一章

当今中国第一难题

近几年来，中美在经贸、外交、科技、金融、教育等各个领域的对抗全面拉开。中国的迅速崛起，对美国在世界上的绝对优势地位构成强大压力和挑战。为了阻止中国的发展，美国在战略上加大对中国的遏制力度，战术上不择手段打压，限制中美科技和人文交流，企图将中国锁定在各种产业链的低端，以维护其科学技术的制高点地位和经济贸易的主导权。

正因为美国将中国视为战略竞争对手，所以，中美之间的博弈必然是一场持久战。我们不希望中美"脱钩"，但我们一定要明白，即使是形式上没有"脱钩"，美国设立的各种各样的科技"柏林墙"，也把对中国的技术管制从军用技术和军民两用技术扩展到了新型技术和基础技术，把对中国人员的审查范围扩大到了在读中国留学生。这样一来，不脱钩也等于半脱钩。

为什么美国要采取种种措施使中国与美国及世界上先进国家"脱

钩"？原因在于，这些年来中国在与西方国家交往的过程中创造了许多借机、借道、借光的机会来发展高科技。美国认为，中国人的创新能力很弱，如果阻断或者减少这些机会，中国发展高科技、成为世界强国的速度就会大大减慢。这是美国针对中国的软肋，阻挠中国崛起的一个战略措施。

面对这种形势，我们一定要明白，只有高科技才能强国。中国要想崛起，只有走高科技强国之路。唯有勇立世界科技创新潮头，才能赢得发展主动权。中国这些年全方位的改革开放和与全世界的交流融合，确实创造了许多借机、借道、借光发展高科技的机会，而现在，这种机会正在受到挑战。

同时我们也一定要清楚，当今中国人的创新能力确实与美国等西方发达国家还有相当大的距离。一个标志性的软肋，就是几乎与诺贝尔科学奖无缘。虽然屠呦呦被视为零的突破，但国人要明白，中医本来就是中国第一，何况"突破"也是昙花一现，我们还看不到像日本那样连年拿奖的苗头和希望。

资料表明，仅在中国大陆的知识分子和科技人员就比全世界的犹太人总数还要多好几倍。但我们的科技成果与以色列相比，可以说是望尘莫及。犹太人仅占世界总人口的 0.3%，但从 1900 年至今，获得诺贝尔奖的人数约占总获奖人数的 20%。

1901 年开始的诺贝尔奖，截至二战结束之前的 1939 年，物理、化学、生理或医学的诺贝尔奖分布情况为（不包括文学奖、和平奖以及后来设立的经济学奖）：德国 34 人次，英国 21 人次，美国 15 人次，法国 13 人次，荷兰 9 人次，奥地利 6 人次，瑞士 5 人次，瑞典

5 人次，丹麦 4 人次，俄国 3 人次，意大利 2 人次，比利时 2 人次，匈牙利 1 人次，加拿大 1 人次，印度 1 人次。总共 122 人次中，德国占 28%，英国占 17%，美国占 12%。大约 1/4 的诺贝尔奖得主是犹太人。

而在截至 2022 年底的世界各国获诺贝尔奖人数排名榜上，第 1 名：美国 384 人；第 2 名：英国 132 人；第 3 名：德国 111 人；第 4 名：法国 70 人；第 5 名：瑞典 31 人；第 6 名：日本 28 人。

诺贝尔科学奖代表着世界科学发展的最高水平，举世公认。中国人为什么就拿不到诺贝尔科学奖？这成了当今中国第一难题，也成了教育改革第一难题。

为了实现中华民族的伟大复兴，从长远和根本着眼，必须下大功夫、下苦功夫提高国民的创新能力。

站在顶层设计的高度，党中央早就提出了"创新是发展的第一动力"，创新驱动发展战略早已上升为国家战略。但是，提高创新能力基本上停留在口号层面，无论是普罗大众还是大学教授、领导部门，都是茫然无措。虽然也有不少创新成果，但数量、质量与需求都与目标相去甚远。

究其根本原因，是我们的教育跟不上时代发展，不能像美国那样源源不断地培养出问鼎诺贝尔奖的优秀人才。

我国近些年来对教育十分重视，不仅投入巨资，大幅提高教师的收入，更是把校园修得越来越漂亮，教育的方方面面都做了各种各样的改革。可是，不论怎么改，都没有收到不断培养出创新人才的效果。

面对教育现状，教育部门出台了一系列改革措施。看看那些报道："重磅！教育部最新公布教育改革，这次改革动作很大！""目前全国上下从幼升小到高考正在深入进行一系列重大历史性教改，都是中央顶层设计的结果。""这次的新高考改革前后酝酿了整整 4 年时间，经过了十多轮讨论，才最终确定下来！""今后主要学科的考试将不再有考试大纲，哪个学生的知识越宽广、体系越健全而不是越艰深，哪个学生就会成为教改重大变革最受益的群体成员。""新高考改革的一个重大突破，就是将高中学生的综合评价内容作为招生录取时的参考。从'招分'转向'招人'，打破了过去以分数录取学生、一考定终身的弊端。"还有报道说"高考重磅改革，语文需加强阅读理解"，"语文高考最后要实现让 15% 的人做不完"。教育部还发布了《新文科建设宣言》，鼓励支持高校开设跨学科、跨专业新兴交叉课程和实践教学课程，培养学生的跨领域知识融通能力和实践能力。

在全民讨论教育改革的热潮中，教育部推出了几项重大改革措施：一是减少校内作业量，减轻学生负担；二是减少校外培训负担，从严治理校外培训机构；还有教师交换、交流等。虽然一个个改革措施不断出台，可是人们对这些措施总是信心不足。

社会对教育改革不到位有种种说法，网络上的讨论更为激烈。有的归结为体制问题，有的说是管理问题，有的说是考试制度问题，有的说是教育资源分配不公，有的对学区房牢骚满腹……众说纷纭，莫衷一是。

其实，仔细分析研究过去和现在的各种改革措施，都没有找到培养不出创新人才的根本原因，也都没有拿出正确而且科学的改革措施。

　　2005 年，温家宝总理看望著名物理学家钱学森时，钱老曾发出这样的慨叹："为什么我们的学校总是培养不出杰出人才？"这就是在教育界引起强烈反响的"钱学森之问"。的确，几十年来，我们国家自己单独培养出来的杰出人才很少，更别说大师了。造成这个结果，教育难辞其咎。

第二章

西方国家的创新能力为什么强

如果我们自己找不出中国学校培养不出创新人才的原因，不妨反过来，去研究西方的创新能力为什么强。从创新能力强的人身上寻找创新能力差的人的问题。

首先，我们观察人类几千年的历史，科学技术和生产力的发展都极其缓慢，主要是创新能力不足。

人类创新能力的爆发，始自 16 世纪以来出现在西方的科学技术大革命。这是人类有史以来最大、最多的创新运动。之前 5000 年的创新成果与这 500 年相比，最多只能算是一个零头。

人类文明史上的这次科学技术大革命的创新运动，不仅极大地推动了社会、经济、政治、文化领域的变革，也深刻地影响了人类的生活，使人类社会生活和人的现代化向更高境界迈进。

500 年的创新成果为什么远远超过之前 5000 年的成就？因为人类有了创新的思维路径，那就是笛卡尔方法论。500 年来各种各样科学技术的创新，遵循的都是笛卡尔方法论的思维路线。

西方三大革命的内在关系

近 500 年来，科学技术大革命中涌现出的一批又一批现代科学技术被不断运用于工业生产中，使得生产力大踏步前进，引发了一次又一次生产力革命，也就是工业革命。第一次工业革命，是蒸汽技术推动工场手工业发展到机器大生产的飞跃；第二次工业革命，是电力技术广泛应用于工业生产；第三次工业革命，是计算机及信息技术革命。现在正在进行的是第四次工业革命，是以人工智能、清洁能源、机器人技术、量子信息技术、虚拟现实以及生物技术为主的全新技术革命。

很明显，工业革命的发生是科学技术大革命的推动。那么，科学技术大革命又是怎么来的？是什么推动了科学技术大革命呢？

西方发生的科学技术大革命，其实是思维大革命推动起来的。没有思维方法的大革命，就没有那一系列科学发现和新技术的创造，也就没有科学技术大革命。

很多中国人都知道西方发生的科学技术大革命和工业革命，但是，几乎很少有人知道伴随西方科学技术大革命和工业革命的还有一场思维大革命。而且，这三大革命是你推我拥、紧紧交织、互相影响、互相促进。而真正走在最前面的，是思维大革命。

16、17 世纪以来，欧洲一些进步知识分子冲破中世纪宗教神学的思想桎梏，大胆否定旧的思维方法，走上探索新的思维方法的道路。他们使用新的思维方法解释了长期以来不能明白的自然现象，一批批新的科学技术成果就在这些新的思维方法的运用中诞生。这一个个新的科学思维方法形成了一股科学思维的潮流。西方的哲学家们抓住人类思维史上的这一场变革，分析研究，得出结论：这是人类历史上的一次思维大革命，并将之命名为"现代思维运动"。

美国宾夕法尼亚大学（University of Pennsylvania）的艾伦·考尔斯教授（Alan Charles Kors）是研究现代思维运动方面的专家，牛津大学出版社出版的四卷本《启蒙运动大百科全书》即由他出任总编辑。他的《现代思维的诞生》系列讲座，以17—18世纪欧洲思想史为主题，深入浅出地介绍了人类的思维方法和思想体系是如何走向理性和科学道路的。他在书中写道："牛顿引起的反响，绝不只是科学的、物理学的、天文学的，他改变了人类的思维方法，比如人类怎样认识世界。"[1]

所以，西方几百年来发生的这三场大革命，是科学技术大革命推动工业革命，思维大革命推动科学技术大革命，而三大革命的源头是思维大革命。没有思维大革命，在强大的宗教神学顽固统治8个世纪的中世纪欧洲，不可能凭空冒出来一个科学技术大革命。

历史是一部最好的教科书。很多中国人只学西方科学技术和工业生产这些有形的物质的东西，忘记了科学思维，知其然不知其所以然。我们必须清楚，中国落后于西方的不仅是科学技术和工业生产，更是思维方法。如果读不懂西方这几百年的发展史，只是在科学技术上追赶，等于没有抓住根本。

---

[1]　新浪博客《湖畔风铃的博客》，http://blog.sina.com.cn/u/2019276885，思想史17、18世纪欧洲启蒙运动讲座《现代思维的诞生》。

近几十年来，中国不断在科学技术上追赶西方，距离看似越来越近，甚至个别地方已经领先，我们便误以为赶上了西方。错了！即使科学技术赶上了，思维还差得很远。

正在为实现中国梦而奋斗的国人，一定要认识到思维在社会发展中占据第一推动力的作用，不懂得和忘记了这一点，就是舍本逐末。

经济上的落后并不可怕，科学技术的落后也还能解决，而要想改变人们思维方法库的贫穷落后，难度要大得多。经济上的落后，一代人基本上可以解决；思维方法库的贫穷落后，可能几代人都无法解决。

其实，人类的思维方法一直在不断演变和前进。新浪博客"湖畔风铃的博客"的作者曾于20世纪80年代在西方留学。她在介绍《现代思维的诞生》时说："思维方法的革命，比其他任何革命都更加深刻，影响更大、更广，因为思维方法决定了我们如何看待权威，决定哪些是可能的，哪些是不可能的，哪些是正确的，哪些是错误的，以及人类生命有什么潜力。16至18世纪发生在西方的思维方法的革命，堪称影响最深远的一次革命，对于人类生活的变革起到了关键作用。"

笛卡尔寻找真理的思维路线

现代思维的诞生，首先归功于划时代的哲学家 R. 笛卡尔（1596—1650）。笛卡尔出版的两本著作《方法论》和《第一哲学沉思集》，用批判性思维引导人们质疑当时统治欧洲经院哲学的所有理论。他主张用三段式演绎法的逻辑推理，重新检验那些理论是不是真知，确定了再相信。他呼唤重新构建人类对自然界的所有知识，使其建立在物质运动的规律上。他否认物质世界和精神世界有关联，号召人们用科学的方法寻找真正的真理，建立一个绝对正确的科学体系。

笛卡尔在《方法论》中提出的寻找真理的五个要点是：

第一，遇到书本上介绍的知识，绝不盲目接受。不管什么样的权威结论，都可以怀疑它是不是"真正的"真理。这就是著名的"怀疑一切"观点。笛卡尔主张用批判性思维对人类过去的知识进行审视，重新用科学的演绎法，即从一些已经清楚明白的公理、原理出发来推演证明，看到底是否正确。正确的才坚持，错误的则推翻重建。

笛卡尔的这种"怀疑一切"理念，不同于否定一切知识的不可知论，而是以怀疑为手段，达到去伪存真的目的，所以被称为"方法论的怀疑"。

第二，演绎法从公理化方法开始。这个推理的起点——公理，一定是通过观察、实验证明了的公理，是自明的直观公理。不能用像"上帝是神圣的"这种无法证明的东西作为前提来演绎推理。

笛卡尔自己首先就是一个成功的例子：从自明的直观公理出发，运用数学的逻辑演绎，使用代数方法来解决几何问题，创立直角坐标系，从而建立了解析几何学。

第三，研究复杂的问题，可分解为多个比较简单的小问题，一个一个地分而解之。

第四，将小问题从简单到复杂排列，先从容易解决的着手。

第五，各种问题分析解决之后，再综合起来检验，看是否将问题完全、彻底地解决了。①

笛卡尔的另一部著作《探求真理的指导原则》，更加详细地阐述了方法论的四条原则：

第一，方法论的起点——普遍怀疑。笛卡尔觉得，他从幼年读书开始就把一大堆错误的见解当作真理接受下来，这些知识以及据此形成的一些见解是靠不住的。他立志要在有生之年把向来信以为真的见解清除出去，一切从零开始。

第二，认识事物的两种形式——直观和演绎。笛卡尔认为，直观和演绎是人类认识事物的两种形式。直观是人们通过眼睛直接看到和感受到存在的事物，眼见为实，具有无可怀疑性，是最清楚明白的事实。通过直观的方法总结出来的命题，当然是可以信赖的，能够作为进一步推理的起点。这即是公理化的真理。演绎则是在直观认识之后，进一步深化认识的方法。它在直观命题的基础上，通过推理的方法，一步步将事物深层次的真实面目演绎出来。直观和演绎是人们认识事物的两种根本方法，是笛卡尔方法论的实质和核心。

第三，方法论的次序——由简入繁。笛卡尔方法论的次序，是将问题"从简单到复杂排列，先从容易解决的问题着手"。从最简单、最容易认识的对象开始，一点一点逐步上升到对复杂问题的认识，直到认识很复杂的对象。研究科学和思考问题，一定要有计划，按次序推进。即使那些彼此之间并没有自然的先后次序的对象，也要给它们设定一个次序，只有这样，研究才会是有条不紊的。最后，把一切情

---

① R.笛卡尔：《方法论》，辽宁大学出版社 2015 年版。

形尽量完全地列举出来，尽量普遍地加以审视，不仅要确信毫无遗漏，而且要确定天衣无缝。

第四，论证结论的方法——分析与综合。笛卡尔方法论指出，研究复杂问题，不妨先将其分解为多个比较简单的小问题，分开解决，各个击破。各种小问题解决之后，再综合起来检验。分析与综合兼用才是完美的解决问题之道。①

分析与综合是人类认识事物的两种程序：分析是倒溯的程序，旨在说明复杂观念由许多其他单纯观念所组成；综合是前进的程序，旨在证明单纯观念能与其他单纯观念组合而成为另一种观念。这两种认识的程序彼此有密切的关系。分析的最后元素是综合的最先元素，当一个观念不能再被分析时，就是分析的终极。同样地，当一个观念不能再容纳其他观念的组合时，综合就到了饱和点。分析和综合这两种观念，都是从数学中移植过来的。

笛卡尔的理性思维方法，总结了欧几里得几何学和托马斯经院哲学正反两方面使用演绎法的经验教训，提出了包括怀疑思维、提出问题、假设法、批判性思维、建设性思维、公理化方法、观察与实验、抽象与概括、归纳法、演绎法、化繁为简由浅入深法、分析法、综合法等一整套思维方法，是一个完整的方法论体系。这一方法论体系的各种方法，在寻找真理、建立科学的道路上分别担负了重要的角色，又都服务于真理这个中心——怀疑一切。笛卡尔方法论的起点，是对某个现存知识的不信任，是为了捍卫真理的纯洁性，四处寻找"真

---

① R.笛卡尔：《探求真理的指导原则》，管震湖译，商务印书馆1991年版。

理"本身可能存在的瑕疵，寻找的过程中或许会有新的发现。比如，英国科学家罗伯特·波义耳就怀疑过去的物质四要素理论，最终使化学成为一门独立的科学。

提出问题。是对现存真理"怀疑一切"之后，将知识中存在的问题、矛盾、疑虑，采用提问题的方法，公开揭露出来，以便明确下一步的研究重点。

提出假设和假说，是在怀疑一切、提出问题的批判性思维方法之后，对可能是事物真相的结果做出一个推测或猜测。假说的方法实际上是一个建设性思维，又将问题的研究向前推进了一步。因为假说成为大家研究论证的一个目标，证明完结了，假说就有可能成为定理或真理。

如果把方法论使用的所有方法，按照作用和功能做一个分类归纳，可以发现它们大体分为三个步骤，或曰三个阶段：第一，确定真理的选题；第二，准备公理、工具等对真理做理论论证的基础建设；第三，证明真理的命题。确定选题、准备公理、证明结论构成了笛卡尔方法论的"三步曲"，"三步曲"中的每一步都有各自的任务。

很明显，怀疑一切、提出问题、假说和假设，包括批判性思维，都属于确定选题的方法。这些方法使用的结果，就是明确了我们要寻找什么样的真理，我们要论证哪些定理。

选题确定之后，接着就是准备公理、公设、概念定义，以及需要的工具等工作，是为今后证明命题打基础的理论"基础建设"。

基础建设使用的方法较多，涉及公理化方法、归纳法、观察与实验、抽象与概括、直观与直觉、分析与综合、化繁为简法、划归法、演绎法，等等。

最后"一步曲"的工作就是证明命题。这是方法论的高潮，是真理产生的分娩。证明命题使用的方法主要有：公理化方法、演绎法、归纳法、分析与综合、化繁为简法、划归法、批判性思维等。分析和批判性思维是三个阶段都可以使用的方法。

"三步曲"在追求真理的道路上相互衔接又环环相扣：确定选题是明确目标，准备公理是做理论基础建设，证明定理是最后冲刺。"三步曲"构成了建立科学的完整的方法链。①

笛卡尔方法论的巨大功绩

笛卡尔的理性思维方法保证了演绎推理结果的正确性，使得三段式演绎推理法更加完善和科学，演绎法从此迈上了一个新台阶。科学家们大受启发，纷纷使用演绎法，获得了一个又一个成功。

《现代思维的诞生》评价说：笛卡尔《方法论》哲学像电光一样激活了一代人的思维，对后人产生了深远的影响。很多科学家从此走上探索自然科学，建立笛卡尔所说的属于真知的科学体系。

牛顿是第一个使用笛卡尔方法论建立起万有引力理论的科学家。他从研究苹果熟了为什么落到地上而不是飞到天上，行星绕着太阳转的轨迹为什么是椭圆而不是圆等现象，分析提出了万有引力的设想，然后采用演绎推理法论证了万有引力，并找到了计算万有引力的

---

① 席文举：《传媒方法论》，中国社会科学出版社 2021 年版。

公式。牛顿还总结了经典力学三定律，创立了微积分，开创了现代光学。

牛顿论证的万有引力，是用数学语言来表述的一个公式。用他自己的话来说，"这个公式让我能够解释世界"。具体而言，世界上任何两个物体之间的引力，都可以用一个简单的公式来计算：

$$万有引力 = M1 \times M2/d2。$$

这里的 M1 和 M2 分别是两个物体的质量，而 d 是它们之间的距离。物体越重，距离越近，它们之间的吸引力就越大。天体之间的运动，就可以用这种引力来解释。

18 世纪 30 年代，法国伟大的启蒙思想家伏尔泰流放英国期间写信给法国友人，向他们推荐笛卡尔和牛顿。他在信中说："笛卡尔给我们指明了通向真理的道路，而牛顿沿着这条道路走到了终点。"

牛顿成功的示范效应，带动了一大批科学家纷纷效仿，使用笛卡尔方法论来研究学问。首先在数学领域催生了微分几何、曲面几何、离散数学、概率论、泛函分析、实变函数、复变函数、常微分方程、偏微分方程、近世代数等一批新学科，形成了琳琅满目的高等数学大观园。随之，其他领域的科学家也紧跟其后，将笛卡尔方法论推广到各个领域。英国科学家迈克尔·法拉第（1791—1867）获知电产生磁的信息后，使用提出问题的方法做逆向思维："既然电可以产生磁，那么反过来，磁可不可以产生电？"法拉第为了验证磁可以产生电的假说，在 11 年中做了几百次实验，终获成功，创立了感生电动势大小与磁通量变化率成正比的电磁感应定律。

在大洋彼岸，美国人本杰明·富兰克林（1706—1790）通过仔细观察和研究雷电、云的形成，提出云中的闪电和摩擦所产生的电，二者性质相同的推测。为了证明这个假说，1752年，他冒着生命危险在费城进行了震惊世界的电击风筝实验，成功地捕捉到雷电。风筝实验成功后，他由此设想在高物体上安置避雷装置，就有可能把雷电引入地下。经过实验，避雷装置果然能起避雷的作用。于是，避雷针传入欧洲及全世界。1753年，富兰克林当选为英国皇家学会院士。

19世纪60年代，英国物理学家麦克斯韦创立了电磁场理论，并从理论上推测电磁波的存在，可惜他英年早逝，未能用实验来证明这一推测的正确性。1888年，30岁的德国青年科学家赫兹为了证明电磁波的存在，用圆形导线自制了一个实验设备。他把导线的两端接到两个铜钮上，将两个铜钮之间的距离调节得很小。当莱顿瓶发出的波落到导线上时，在适当的条件下，两个铜钮之间产生了细微的火花。赫兹成功地使这些波发生反射、折射、衍射和偏振，从而无可争议地证明了电磁波的存在。

…………

笛卡尔方法论带来的科技成果数不胜数。科学家使用笛卡尔的方法论打开了一个个科学技术的大门，逐步建立起数学、物理、化学、生物、天文学、地理学、地球物理等众多学科，形成了一个完整的现代自然科学技术体系，于是，人类有史以来最伟大的科学技术大革命出现了。紧随其后的，是一整套社会科学体系的形成，政治学、经济学、法学、教育学、心理学、史学、文艺学、伦理学、美学等学科应运而生。

更有意思的是，科学技术大革命又推动了工业革命——生产力革命的出现，从而形成了思维方法大革命推动科学技术大革命、科学技术大革命推动生产力大革命的连锁革命运动。三大革命（思维方法大革命、科学技术大革命、生产力大革命）你推我拥，将人类社会推进到一个前所未有的现代化阶段。

这就是笛卡尔方法论颇为重要、人人都应该学习并掌握的原因，它是科学家们经过几个世纪反复运用、证明行之有效的方法。在整个科学史上，无论是自然科学还是社会科学，没有哪一个方法论能与笛卡尔的方法论相提并论。科学巨匠爱因斯坦的相对论是在批判牛顿经典力学的基础上建立起来的，而相对论的论证，是在理想的思想实验室里通过严密的演绎法推理完成的。

西方人的创新能力并不是天生就有的，而是通过教育培养出来的。16 世纪以前，西方的创新能力远不如中国，但是近 500 年来，其科技创新能力呈火箭式增长，这些都是拜笛卡尔方法论所赐，经过学校的普遍教导和推广，人们的创新能力得以大大提高。

《烟台大学学报》1996 年第 4 期发表了署名"李建珊"的《论笛卡尔对科学理性分析传统的贡献》一文，文中说："从思想史渊源上讲，笛卡尔的认识程序理论，产生于对近代欧洲乃至古代希腊科学方法论思想的批判、继承和改造。""为了实现建立自然科学理论大厦的目标，笛卡尔批判地汲取了亚里士多德等古希腊学者关于科学是公理化系统的思想。""认为数学中借已知求未知、并循着一定的次序和途径由一个问题进到另一个问题的方法，完全适用于经验自然科学。因此他把数学方法作为直观——演绎法的基础。""在笛卡尔的认识程序理论中，最核心的是作为其知识哲学中心要素的直观——演绎方法。在他看来，真理的认识只能来自理性的直观及其得到的公理的演绎展开。正如他所指出的：'离开理性直观和演绎，就不可能获得科学知识'，'除了通过自明性的直观和必然性的演绎之外，人类没有其他途径用来获得确定性的知识'。"

后人对笛卡尔做过各种各样的评价，个人以为最中肯且最科学的评价是：笛卡尔为科学家们总结出了"建立科学的科学"。亚里士多德为人类贡献了一个最重要的推理方法——演绎法，笛卡尔则为人类贡献了"建立科学的科学"。

第三章

三一学院巴罗教授培养牛顿的启示

我们来看看西方科学技术大革命中最伟大的科学家牛顿的成才过程。

北京大学出版社 2006 年 1 月出版了牛顿的《自然哲学之数学原理》一书，书中介绍了牛顿的生平。1642 年 12 月 25 日，牛顿诞生在英国林肯郡伍尔索普镇一个贫寒家庭，那天刚好是基督教的圣诞节。其父是个小农场主，在牛顿出生前三个月就不幸离世，那时他跟妻子结婚仅半年多。牛顿 3 岁时，母亲改嫁给一位牧师，他由外祖母抚养；12 岁时，他的继父也过世了。牛顿的小学教育主要是在外祖母家完成的，后来到离家较远的格兰萨姆文科学校读中学。因为童年没有得到父爱和母爱，牛顿的性格孤僻而内向。他没有知心朋友，课余时间全部献给了书籍和饶有兴味的实验。少年时的他学习成绩并不怎么出色。

1661 年，牛顿中学毕业，而后进入剑桥大学三一学院。在三一学院，他学习极其勤奋刻苦，可在参加特列台奖学金考试的时候却名落孙山。他的老师巴罗博士找到他，给他分析为什么落选。巴罗博士说："因为你的几何基础知识太欠缺，无论怎样用功也不行。而《几何原本》恰恰是使用三段式演绎法的样本，从中可以学会一步一步严密的逻辑推理，那是应该好好掌握的思维方法。"巴罗博士的一席话对牛顿的触动很大。本来牛顿在大学附近的书店买了一本《几何原本》，可他认为这本书的内容没有超出常识范围，因而并没有认真去思考它的方法，也即单纯看重知识而忽略了产生知识的方法。与巴罗博士谈话后，牛顿重新把《几何原本》拿出来，从头到尾对三段式演绎法推理做了深入钻研，自此懂得了演绎法的操作和运用。

艾伦·考尔斯教授在《现代思维的诞生》系列讲座之《牛顿的发现和发现牛顿》一节中说："牛顿所在的三一学院深受笛卡尔主义的影响。年轻的牛顿在那里学习了笛卡尔的解析几何和其他数学理论。尽管牛顿后来推翻了笛卡尔的物理学，但在早期是受了笛卡尔学说[1]的启蒙。牛顿师从于当时英国最优秀的数学家巴罗，为他自己后来成为数学大师奠定了坚实的基础。"[2]也就是说，在巴罗博士的教育和启发下，牛顿掌握了笛卡尔方法论。

正因如此，牛顿于1665年发明二项式定理，次年发现万有引力、微积分，并开始光谱和望远镜研究。他在24岁时发现了计算重力的公式，提出了成为现代物理学基础的力学三定律，并创立了微积分，为现代光学奠定了基础，还解决了大量数列计算问题。1667年，牛

---

[1] 指笛卡尔方法论——作者注。

[2] 新浪博客《湖畔风铃的博客：现代思维的诞生》。

顿当选为三一学院院士，之后不久，他完成了最伟大的巨著《自然哲学之数学原理》的写作。

我们简单梳理一下牛顿的生平年表——

1642 年出生。

1661 年进入剑桥大学三一学院，未能通过奖学金考试，此后认真研习演绎法和笛卡尔方法论。

1665 年发明二项式定理。

1666 年发现万有引力、微积分，并开始光谱和望远镜研究。

1664—1666 年发现计算重力的公式，提出了成为现代物理学基础的力学三定律，创立了微积分，为现代光学奠定了基础，还解决了大量数列计算问题。

1667 年当选为三一学院院士。

1687 年出版《自然哲学之数学原理》。

从这个年表中可以看出，牛顿在大学期间就学习和掌握了最先进的演绎法及建立科学的科学——笛卡尔方法论，短短几年间，完成了一个又一个发明创造。

从这个年表中还可以看出，三一学院的教学工作，无论是老师教还是学生学，都紧紧围绕科学方法和方法论来进行。相形之下，我们的学校就只重视知识的教育，甚至大搞难题教学，忽视方法和方法论的教育，与剑桥大学三一学院的教育理念迥然不同。

中央党校王克迪教授为《自然哲学之数学原理》写了一篇《导读》。他在《导读》中说："牛顿的《原理》大致上仿照古希腊欧几里得的《几何原本》来布局。全书是一种逻辑体系，从基本的定义开始，再给出几条推理规则（运动定律），经过一系列的推理和演算，得到一些普适的结论，再把这些结论应用到实际中与实验或观测数据相对照。"[1]

北京大学出版社的编辑还在书前加了编者说明："在结构上，《原理》模仿欧几里得的《几何原本》，是一种公理化体系，它从最基本的定义、公理出发，推导出全部的定理和结论。"

欧几里得的《几何原本》开创和树立了使用三段式演绎法建立一门科学的典范，它在一系列公理、定义、公设的基础上，创立了欧几里得几何学体系，成为用公理化方法建立起来的数学演绎体系的第一个典范。而牛顿的《自然哲学的数学原理》是人类科学史上继欧几里得《几何原本》之后又一部使用演绎法建立一门科学的典范。

由此可见，牛顿通过学习两位大师的思维方法，即亚里士多德总结提出的三段式演绎法和笛卡尔提出的一整套"建立科学的科学"方法论，同时研究了两个使用思维方法的样板，一个是欧几里得使用演绎法的成果《几何原本》，另一个是笛卡尔使用坐标系方法的成果《笛卡尔解析几何》，从而获得了空前的成功。

牛顿的故事带给我们诸多启示：

首先，牛顿并非聪明过人。他出身于农民家庭，家庭又多次发生变故，导致个性孤僻，大学奖学金考试还名落孙山。但是，因为老师关于方法和方法论的引导和教育，使并不聪明的他变成了世界上最聪明的科学家。

---

[1] 牛顿：《自然哲学的数学原理》，北京大学出版社 2006 年版。

其次，牛顿当时学习掌握的知识远远不及现在的一个大学生那么多，更没有像现在中国学生那样做过那么多的难题，因为西方的科学技术大革命还没有发生，现代科学的各门学科还未诞生。但是，牛顿创造了人类有史以来最伟大的科学，迄今为止还没有哪个科学家能够超越他。所以，方法与知识相比，方法是第一位的，并非要学习很多知识才能有所创造。

第三，牛顿在教授的教导下，大学时代学习和练就了两个基本功：一是使用演绎法的逻辑思维基本功，二是运用笛卡尔方法论的基本功。教师教导学生，关键是教方法和方法论；学生读书学习，除了掌握所学学科的基本知识，关键也是学习方法和方法论。

第四，巴罗教授对牛顿的教育是方法和方法论教育的典范。巴罗教授用短短三四年时间就将牛顿培养成为成就超过自己的数学家，而且主动让贤，推荐牛顿取代自己数学教授的席位，成就了数学史上名噪一时的佳话，巴罗教授也成为三一学院最著名的教授之一。

最后，一个人在自己的黄金时代——学生时代，一定要在校园里淘到知识黄金——方法和方法论。因为走出校门后，不大容易再集中精力学习思维方法了。中国民间有一句流行语说："十年寒窗无人问，一朝成名天下知。"现在我们应该把它改为："十年寒窗无人问，精心打造自己的思维方法库。"只有打造一个拥有科学方法和笛卡尔方法论的现代思维方法库，毕业之后闯天下，才能纵横捭阖，游刃有余。

我们再来看看另一位伟大的科学家爱因斯坦的思维方法。

中国科学院院士、数学家、北京师范大学原校长、科学方法论研究会主任王梓坤先生，于20世纪70年代专门写了一本谈科学方法的书——《科学发现纵横谈》。书中说："爱因斯坦是历史上罕见的伟大科学家，学习他的科研方法对后人无疑是很有益的。""爱因斯坦的方法基本上是演绎法，演绎法的依据是思想体系。他不太重视经验定律和归纳法，认为这样只能停留在经验科学的水平上。他说：'适用于科学幼年时代以归纳为主的方法，正让位于探索性的演绎法。'①"②

王梓坤先生继续写道："如何建立思想体系？爱因斯坦认为科学家的工作可分为两步，第一步是发现公理，第二步是从公理推出结论。哪一步更难些呢？他认为，如果科研人员在学生时代已经得到很好的基本理论、推理和数学的训练，那么他在第二步时，只要'相当勤奋和聪明，就一定能够成功'。"

爱因斯坦的故事告诉我们：

第一，自然科学家个个都在运用演绎法，爱因斯坦将发现公理和从公理推出结论这两步分出"难易程度"，说明爱因斯坦运用演绎法的功底深厚，完全达到了炉火纯青的地步。爱因斯坦使用亚里士多德三段式演绎法，不用实验室，就在脑子里构想一个理想实验室来进行演绎推理，居然推导出了伟大的相对论。

第二，爱因斯坦建立的相对论，是对牛顿经典力学的时空概念的怀疑和批判，而建立相对论的过程，就是典型的笛卡尔方法论过程。

---

① 《爱因斯坦文集》第一卷，商务印书馆1976年版。
② 王梓坤：《科学发现纵横谈》，湖北科学技术出版社2013年版。

爱因斯坦的上述观点，实际上是对笛卡尔方法论"三步曲"做的一个十分透彻的阐释。

第三，爱因斯坦强调，科研人员在学生时代就应该"得到很好的基本理论、推理和数学的训练"。这是科学大师对学校教育的基本要求。学生时代是学习逻辑思维和方法论的黄金时代，学生要勤奋努力，不可虚度光阴；学校和老师更要做好方法和方法论的教育，让学生在学校就得到逻辑思维和创造性方法论的训练，走上工作岗位后才会有源源不断的创造力。爱因斯坦其实是向学校提出了一个神圣而庄严的任务：采取多种措施对学生进行方法和方法论的训练，而不只是传授知识。

第四章

中国人在演绎法面前的表现

前面谈论了西方人之所以创新能力强，原因在于他们掌握了两个制胜的思维法宝——演绎法和笛卡尔方法论。笛卡尔方法论是建立科学的科学，所以西方人能够建立起一门又一门的自然科学；演绎法是证明真理真伪的方法，任何一门科学都是经过演绎法的证明才成为科学的，离开了演绎法，任何科学都无从谈起。

那么，中国人有没有这两个思维法宝呢？

我们追根溯源，看看中国人在演绎法面前的表现。

三段式演绎法

公元前4世纪，古希腊哲学家亚里士多德（前384—前322年）总结了当时地中海来自欧、亚、非三大洲地区的各种知识后，发现这些学科有一个可以统一使用的思维工具，就是演绎法。于是，他将这些逻辑内容汇编成一本书，叫作《工具论》。

三段论演绎法最经典的例子是：

大前提：人皆会死；

小前提：苏格拉底是人；

结论：苏格拉底必死。

又比如：

大前提：我国规定，60 岁算老年人；

小前提：王大雄 61 岁了；

结论：所以，王大雄是老年人。

演绎的基本形式是三段式，包括——

大前提：是已知的一般原理或一般性假设；

小前提：是关于所研究的特殊场合或个别事实的判断，小前提应与大前提有关；

结论：是从一般已知的原理（或假设）推出的，对特殊场合或个别事实做出的判断。

《工具论》阐释了人类第一个思维方法，即演绎法。他提出，用三段论的形式做推理和论证，结论就能够保证正确无误。

演绎法问世后的第一个成果是欧几里得几何学。欧几里得（前330—前275 年）是古希腊数学家。他最著名的著作《几何原本》就是使用三段式演绎法建立了一个完整的几何学体系。他首先从实际中抽象出一些基本而又有普遍性的概念和显然正确的公理，然后从这些公理出发，通过逻辑推理（包括数学演算）得出一批定理；再根据这些公理、定理或新的公理进行推理，又得出另一批新的定理。如是依次层层推理，往往可以得出许多原先意想不到的结果。这种从一般到特殊的方法，就叫作演绎法。欧几里得几何学便是应用这种方法而取得巨大成功的。

《几何原本》是用公理化方法建立起来的数学演绎体系的典范。简而言之，《几何原本》在体系上是封闭的、演绎的，在内容上是抽象化的，在方法上是公理化的。《几何原本》全书共分 13 卷。前面列出了 5 条"公理"、5 条"公设"、23 个定义，运用这些推导出了 467 个定理和命题。《几何原本》内容丰富，方法独特，影响并促进了数学的研究和教学。

人类从此开始了演绎推理的思维运动。演绎法成了逻辑推理第一法，也可以说是理性思维第一法。我们一般说的理性思维，代表性思维方法就是演绎法。

晏子使楚的雄辩是中国人运用演绎法的经典案例

公元前 4 世纪之前的好几个世纪，是欧洲演绎法的酝酿时期，那个阶段正是中国的春秋战国时期。

关于春秋战国时期是否出现了演绎法的萌芽，我们没有更多材料证明，不过一个有力的证据就是中小学语文课本选用的古文《晏子使楚》。晏子（前 578 年—前 500 年）是春秋时期重要的政治家、思想家和外交家。晏子出使楚国，当场驳斥楚王编造的假话，使用的正是三段式演绎法。100 多年后，亚里士多德出生。

《晏子使楚》全文如下：

晏子将使楚。楚王闻之，谓左右曰："晏婴，齐之习辞者也。今方来，吾欲辱之，何以也？"左右对曰："为其来也，臣请缚一人，过王而行，王曰：'何为者也？'对曰：'齐人也。'王曰：'何坐？'曰：'坐盗。'"

晏子至，楚王赐晏子酒，酒酣，吏二缚一人诣王。王曰："缚者曷为者也？"对曰："齐人也，坐盗。"王视晏子曰："齐人固善盗乎？"晏子避席对曰："婴闻之，橘生淮南则为橘，生于淮北则为枳，叶徒相似，其实味不同。所以然者何？水土异也。今民生长于齐不盗，入楚则盗，得无楚之水土使民善盗耶？"王笑曰："圣人非所与熙也，寡人反取病焉。"

翻译成白话文：

晏子将要出使楚国。楚王听到这个消息，对左右的人说：晏婴是齐国能言善辩之人，现在要来楚国了，我想羞辱他，用什么办法呢？左右的人回答说："在他来的时候，我们绑一个人从大王面前走过。大王问，这是什么人？我们回答说是齐国人。大王问，他犯了什么罪？我们说犯了偷窃罪。"

晏子到来，楚王赏赐晏子喝酒。酒喝得正酣，两名小吏绑着一个人走到楚王面前。楚王问："绑着的是何人？"官吏回答说："齐国人，犯了偷窃罪。"楚王瞟了一眼晏子，问："齐国人本来就善于偷窃吗？"晏子站起来回答说："我听说这样的事：橘子生长在淮河以南就是橘子，生长在淮河以

29

北就变成枳了，虽然它们叶子的形状相似，果实的味道却全然不同。这是什么原因呢？是水土不同。老百姓生活在齐国不偷窃，到了楚国就偷窃，莫非楚国的水土使得老百姓善于偷窃吗？"楚王笑着感叹说："圣人是不能开玩笑的，我这是自讨没趣了。"

晏子在这里使用的是标准的三段式演绎法。晏子提出的大前提（公理）是：橘生淮南则为橘，生于淮北则为枳。小前提即面前的事实：齐国人在齐国不偷窃，到楚国来就偷窃。结论是：岂不是楚国的水土使人善偷吗？

晏子运用三段式演绎法做雄辩，说明演绎法在当时的中国已经比较成熟了。为什么这么说呢？理由有三：

第一，对晏子来说，楚王的骗局突如其来，他没有准备，临场发挥。他之所以能够急中生智，随机应变，熟练地使用三段式演绎法辩论，是因为他对三段式演绎法已然烂熟于胸，他的脑子里不可能凭空出现三段式演绎法。

晏子在公元前 6 世纪的时候就会使用三段式演绎法，与埃及人修建金字塔使用三段式演绎法基本上是同一时期，比亚里士多德总结三段式演绎法早了 100 多年。

第二，楚王和出主意的大臣们当场就服输了，认为晏子说得好，很有道理。使用演绎法做辩论和听辩论的人，都深谙演绎法的说服力量，说明当时懂得三段式演绎法的人不在少数，演绎法已经有了一定的社会基础。

第三，齐国和后来的史学家均把晏子使楚的故事写进史册《晏子春秋》，这等于当时的主流社会认可了三段式演绎法，也充分说明早在春秋战国时期，中国人就已经很熟练地运用三段式演绎推理方法了。

使用演绎法却为什么没有总结出演绎法

有人将中国近 500 年来科学技术的落后归罪于封建统治者压制了人们的思想，如果像春秋战国那样百花齐放，中国人的理性思维和科学技术早就大发展了。

果真如此吗？

我们来看看春秋战国时期的诸子百家到底有些什么样的思维。一个最重要的标志是：他们并没有总结出演绎法。

前文说过，三段式演绎法在春秋战国已然酝酿成熟，很多人都懂得，而且有文字记载，并广泛传播，为什么没有总结出演绎法呢？埃及人修建金字塔使用三段式演绎法，后来亚里士多德将其总结成为一个经典的推理方法——演绎法。中国有诸子百家，为什么没有一个人把演绎法总结出来呢？

这确实是一个值得思考的问题。

"晏子使楚"的故事在春秋战国时期就传播了几百年，这期间诸子百家开创了众多学说，却没有把这个已经使用的演绎法总结提炼成为一种思维方法。

其实，这就是中国人思维的缺陷。很多知识分子琢磨过"晏子使楚"的雄辩思维，他们大都从经验入手，看到了方法，而没有上升到总结这个方法的层面。

也许最应该总结出演绎法的，是春秋战国时期的"头号"思想家孔子（前551年—前479年），这样说的理由在于：

第一，在诸子百家中，孔子是多次直接接触过晏子的思想家。

鲁昭公二十年（前522年），孔子30岁时，齐景公与晏婴出访鲁国，孔子作为鲁昭公的重臣出席了这次元首会面。其间，齐景公向孔子请教"国小处辟"的秦穆公能够称霸的原因，孔子回答说："国虽小，其志大；处虽辟，行中正。"孔子由此结识了晏子和齐景公。鲁昭公二十五年（前517年），鲁国发生内乱，鲁昭公被迫逃往齐国，孔子也离开鲁国，到了齐国，成了高昭子的家臣。这一次孔子在齐国待了几年，其间与齐王和晏子有过多次接触。那时晏子已经60多岁，政绩显赫，名满天下，是齐国的二号人物，齐王都让他三分。晏子是孔子的顶头上司，孔子自然应该把晏子当成是自己的老师来学习。老师的学问不总结，又该总结什么呢？

第二，孔子专门总结各方面的经验知识来教育学生，《论语》就是这么做的。《论语》中出现"三"的论断有好几处，如"三人行必有我师焉"，"吾一日三省吾身"。如果他以晏子使楚为例，也来一句"遇事做三步推理乃严"，中国人的三段式演绎法可能就走在世界的前列了。

可是，孔子没有。个中原因，大抵如下：

首先，晏子对他不满，他也就对晏子不感兴趣，甚至把受到晏子打击记录在自己的档案里。

孔子在齐国的时候，齐景公曾两次向孔子问政。第一次孔子说了"君君臣臣，父父子子"那番话，第二次孔子提出"政在节财"的观点。齐景公听后非常高兴，打算封赏孔子，把尼溪一带的田地赐予他，但被晏婴阻止了。晏子一口气指出了孔子的四个"不可"：一是"滑稽而不可规法"；二是"倨傲自顺，不可以为下"；三是"崇丧遂哀，破产厚葬，不可以为俗"；四是"游说乞贷，不可以为国"。这四条虽然并非句句真理，但大多言之有理。在这四个"不可"之后，晏子又着重批评了孔子的"礼"，说如果这样烦琐地规定尊卑上下的礼仪、举手投足的节度，花上一年的时间也学不完孔子所提倡的礼乐，学上一辈子也搞不清楚其中的那些所谓学问。用这一套理论来改造齐国的习俗，引导齐国的百姓，不是一个明智的选择。最后，齐景公认可了晏子的说法，只是对孔子以厚礼相待而不加以册封。历代史学家对晏子分析孔子的评价是站得住脚的。孔子在追求理想的道路上又一次碰了壁，不久就悄然离开了齐国，连告辞的礼节都不要了。从此孔子和弟子们就将此事作为孔子到处受打压的一个例子，记入历史。

其次，孔子只关心当时的时事政治，诸如仁义礼智信之类的问题，还没有上升到人类如何思维、如何提高思维水平的层面，一部《论语》仅限于人文科学的范畴。

最后，孔子的《论语》都是结论式的语言，这些结论怎么来的无从知晓，从中可见他没有推理的习惯。孔子建立儒家学说的思维过程，与笛卡尔"建立科学的科学"完全是两码事。

我们用反证法来证明这个结论。反证法也是演绎法的一种形式。

比如，假设（演绎法的一个做法）孔子懂得三段式演绎法，那么，《论语》就不会只是一些结论式的观点，而没有推理过程。如果他懂得三段式，就会运用三段式来为自己的结论增加逻辑力量。

本来，中国人如果坚持研究晏子，还有可能走上三段式演绎法的理性思维道路，可是，《论语》问世之后，中国人的思维自觉或不自觉地沿着《论语》开启的不论证、只说结论的思维方式一路向前，并成为思维惯性，至今也没有完全从这个模式跳出来，走上用公理推理论证结论的科学思维道路。

另一个应该总结出三段式演绎法的是墨了（前468—前376年）。

墨子是诸子百家中唯一研究过认识论和逻辑学的人物，是中国古代逻辑思想体系的重要开拓者之一。他总结出了假言、直言、选言、归纳等多种推理方法，从而使墨子的辩学形成了一个体系。虽然墨子出生的时间晚于晏子几十年，但他最终并没有把晏子的三段式推理方法总结出来。很多科学家都说过，推理不按三段式严格进行，推出来的就不一定是真理，因为它的逻辑不严密。墨子本来走到了逻辑推理的面前，可是没有抓住逻辑推理的精髓，最后与三段式演绎法失之交臂。

墨子为什么没有总结出三段式演绎法呢？根本原因还是认识水平有限，没有去想晏子使楚的三段式雄辩意味着什么。其实，墨子的思想非常解放，他开始是学习孔子的儒学，思想成熟后发现儒学有不少问题，转而反对儒学，另立新说，在各地讲学，以激烈的言辞抨击儒家和各诸侯国的暴政。大批手工业者和下层士人开始追随墨子，墨家学派逐步形成，成为先秦时期和儒家对立的最大的一个学派。

所以，不能简单地说思想解放就能够发现真理，思想解放不等同于水平多高。如果思维方向错了，越解放离真理就越远。墨子称他的逻辑学为"辩"学，建立了"别同异，明是非"的思维法则，认为判断无非就是"同"或"异"，"是"或"非"。用现代逻辑学的名词来说，就是排中律和毋矛盾律。他这样研究逻辑，使得中国人离三段式越来越远。他缺乏认识真理的方法，从而失去了中国人总结三段式演绎法的最好机会，不能不令人扼腕！

孔子等诸子百家不研究推理逻辑，而研究逻辑的墨子又只是研究如何判断是非的"排中律和毋矛盾律"。这个百花齐放的春秋战国，虽然表面上看似繁花似锦，终究没有开出长盛不衰的科学思维之花。

"人人眼中有　个个心中无"的方法论水平

《晏子使楚》作为经典文章，在中国传播了2000多年，虽然不是家喻户晓，但对知识分子来说也是耳熟能详。历朝历代，中国人耳闻晏子使用演绎法雄辩取胜的精彩故事，却没能从中悟出这就是三段式演绎法，没有将其归纳总结出来。

这正是：人人眼中有，个个心中无。

更令人不解的是，演绎法作为逻辑推理的第一大思维方法，今天在世界上特别是西方国家已经非常普及，可我们网络上的"晏子使楚"依然跟古时候一样，只是赞美"晏子机智勇敢，善于辞令，灵活善辩"，没有从方法论上做出解读和阐释。

百度百科"晏子使楚"词条在"内容赏析"一段里说："外交无

小事，尤其在牵涉国格的时候，更是丝毫不可侵犯。晏子以'以子之矛攻子之盾'的方式，维持了国格，也维护了个人尊严。晏婴是聪明机智，能言善辩，勇敢大胆、不畏强权的人。"

这里也讲了方法，但讲的是"以子之矛攻子之盾"的方法。这当然也是一种辩论的推理法，但是，"三段式"演绎法是统领"以子之矛攻子之盾"之类的具体方法。只见树木不见森林，知其然不知其所以然，这是思维方法的大忌，所以直到现在，我们从"晏子使楚"中也只能读出机智幽默和"以子之矛攻子之盾"的方法来。

那些语文教材里的"晏子使楚"又是怎样呈现的呢？网络上的材料是"王顾左右而言他"。比如，苏教版八年级上册语文教案《晏子使楚》[整理版]中说："晏子使楚[教学目标]1.能流利地朗读课文，复述晏子使楚的故事。2.学习晏子机智勇敢，不辱使命，维护国家尊严的精神。[重点难点]1.重点：掌握重要的文言实词、虚词。2.难点：语言艺术特点。"再比如，人教课标版小学五年级语文下册《晏子使楚》教案教学设计中说："教学重点：精读晏子与楚王针锋相对的话，了解楚王三次是怎样侮辱晏子，晏子是怎样反驳的，理解句子中的含义，体会晏子超人的智慧和善辩的口才，以及维护齐国尊严的思想品质。"一篇小学语文《晏子使楚》教案中说："教学目标是：1.理解句子间的逻辑关系，学习简单的推理。2.正确流利地朗读课文，创造性地复述课文。3.了解故事内容，理解晏子出使楚国时表现出的聪明才智和维护齐国尊严的思想品质。"另外一篇教案提出的作业指导是："根据'阅读思考'第2题的提示，想象晏子的心理活动，进一步展示晏子机智地识破楚王的伎俩，巧妙应对，维护了齐国尊严的品质。"还有一篇自称为"小学语文公开课优秀教案《晏子使楚》教学设计"写道:"教学重点:体会晏子语言的巧妙,并从他机智的回答中体会人物的特点。教学难点:体会晏子能言善辩的才能和维护国家尊严的精神。"总而言之,就是不提三段式演绎法。

我搜索了近 10 篇有关《晏子使楚》的语文教案,终于看到了一篇提及演绎法的教案。这篇教案说:"从课文中我们可以看到晏子外交语言的艺术,主要在于他成功地运用了逻辑严密的三段式推理,以子之矛攻子之盾,比喻、类比等反驳方式和语言艺术。"此处虽然提及了三段式演绎法,却是轻描淡写,一带而过,落脚点还是"以子之矛攻子之盾"的"外交语言的艺术",演绎法只是作为一个论据当陪衬而已。很多教案重点都集中在如何当好外交官和外交官的语言艺术。其实,晏子能征服楚王,最重要的恰恰是他的三段式演绎推理的逻辑力量,语言艺术虽然也有作用,也可以锦上添花,但那是次要的。假若没有从"橘生淮南则为橘,生于淮北则为枳""水土异也"开始的三段式推理,再"艺术"的辞藻也不能征服楚王。也就是说,晏子使楚的魅力不在外交语言的艺术,而在三段式推理的逻辑力量。那一步一境(推理意境)的严密逻辑,不得不让楚王心悦诚服,找不出半个字的反驳理由。这才是晏子使楚的艺术真谛,任何语言在这个三段式逻辑推理面前都相形见绌。

《晏子使楚》是传统文化中一篇难得的思维方法教育的好教材。语文课文后面的背景介绍,不仅可以借机好好讲一讲如何进行三段式的演绎推理,还可以说一说演绎法发展中曲曲折折的历史过程以及对现代科学技术大革命的贡献,分析一下中国人为什么错失演绎法,启发学生们要认真学习演绎法，为中国的现代化贡献智慧和力量。可是，无论是教材还是教案，都没有类似内容。原因不外乎是以下两条：一是编教材的和讲课老师都不懂得演绎法；二是缺乏思维方法教育的指导思想。

教育和网络，这两个最能体现当今中国人思维方法现状的领域，都对晏子使楚的三段式演绎法视而不见，由此可见，中国人一直缺乏一次理性思维方法的启蒙教育。西方现代思维运动的高潮是一次全社会的启蒙运动。启蒙什么呢？对于社会大众来说，是启蒙现代科学知识；对于知识分子和社会精英来说，就是启蒙科学思维方法。经过几百年科学思维的启蒙，西方人的理性思维代代相传，已经变成一种国民的科学素质了，中国人与西方人思维的差距越来越大。

有些人总是说，中国人的思维长期受到封建思想的禁锢。其实，无论是谁从晏子使楚的故事中总结提炼出三段式来，他不仅不会受到压制，还会受到热捧。亚里士多德总结了三段式，当地统治者吹捧他，一千年以后，连欧洲宗教统治者也要拉上他来捧场，把亚里士多德奉为圣人。理论是否会受到打压，关键看是什么理论。像三段式演绎法这样的思维方法，不分阶级，不管什么社会制度，都可以使用。

如果再把视野放开一点，晏子使楚熟练运用演绎法的时候，也正是尼罗河畔的埃及人修建金字塔，大量运用三段式演绎法的时候。埃及人用几个世纪修建金字塔，点、线、面、三角形、圆形等几何图形让他们着了迷，演绎法成为他们研究几何图形的工具。他们的演绎法还不断向四面八方的地区和国家传播。可是，最后总结出演绎法的并不是最早熟练操作演绎法的埃及人，而是希腊人。古希腊的亚里士多德，对各种各样的三段式推理方法进行认真研究，第一个写出了阐释演绎法理论的《工具论》。

亚里士多德师从柏拉图，重点研究形式逻辑。他从形式逻辑出发研究埃及人的方法，很快就总结出三段式演绎法，并且著书立说，强调演绎法在科学研究中的意义。埃及人为什么总结不出演绎法？原因和中国人一样。中国的孔子过于功利，埃及人也看重眼前利益，金字塔比思维方法重要，虽然也研究出了一些金字塔需要的几何学知识，但由于缺乏演绎法的指导，研究出来的几何学也是零敲碎打。后来欧几里得不满意那些零散的几何学，专门从希腊跑到千里之外的埃及调查学习，写出了成功运用演绎法的第一部数学著作《几何原本》。

两个最早熟练使用演绎法的国家——埃及和中国都没有从理论上总结出演绎法，100多年后千里之外的亚里士多德成为演绎法之父，深层原因不得不说是有赖于希腊的社会环境。希腊是盛产哲学家的国度，而哲学是所有学问的至高境界。墨子虽然也研究逻辑推理，比起亚里士多德的哲学来，层次就等而下之了，面对演绎法而不识庐山真面目，只能说是还未修炼到家。

所以，能不能总结出可以广泛应用的思维方法，特别是像演绎法那样的理性思维最基本的思维方法，绝不是有意愿或者想象就可以完成的。思维没有达到那个层次，天天碰到也会熟视无睹。完成三段式演绎法的提炼总结，看起来只是总结一下，其实是思维认识的飞跃，是伟大的创造性的劳动。自身不具备认识真理的条件，便永远也不会认识到真理。

"晏子使楚"是中国历史上三段式演绎法的经典案例，作为中国人，我为在演绎法诞生前100多年就能熟练使用演绎法的晏子而骄傲，同时也为2000多年来中国知识分子读不懂"晏子使楚"的演绎法而叹息！

第五章

为什么科学技术大革命没有发生在中国

近一百年来，不少人提出"为什么科学技术大革命没有发生在中国"的问题，还有人为此写了书。仔细阅读这些书就会发现，许多人的论述都不得要领。其实根本原因就是中国没有学习笛卡尔方法论，因而无法建立起任何一门科学。科学技术大革命是由一系列科学组成的完整的自然科学体系，对中国人来说，更是望尘莫及。

让我们来看看中国人痛失指纹学的故事。

指纹法最早起源于我国。我国 7 世纪时就有在解除婚约的证书上按下五个指印的记录了。一千多年后的 1859 年，在孟加拉当警官的英国人威廉·拉尔舍看见中国商人用大拇指在文件上按手印，随即对纸上的指纹产生了疑问。中国人对按手印的事情早已司空见惯，英国人却怀疑起来：为什么指纹能够鉴别身份？这个英国警官懂得笛卡尔方法论，遇到问题就怀疑一切，并且非要一探究竟。于是从那时起，他收集了几千个指印，并在孟加拉的监狱里用指纹做罪犯鉴定试验，对这个自己不解的疑惑开始了一系列观察、实验、对比、分析和研究。

有意思的是，另一个与威廉·拉尔舍同时代的医生亨利·福尔茨于 1879 年在日本讲学时，看到日本的史前陶瓷碎片上有陶胚还没有干硬时留下的指印，于是也研究起指纹来。1886 年福尔茨回到英国，便建议英国警察局采用指纹法鉴定罪犯。

1892 年 7 月，阿根廷内科契阿镇的郊区发生了一起谋杀案，青年女子法朗西丝卡杀害了她的两个私生子。警察局逮捕了她的男友，男友坚决否认，案情无法进展下去。内科契阿警察局只好向上一级的拉·普拉塔警察局呈送了一份报告，拉·普拉塔警察局派阿尔法雷兹警长前去调查这个案件。阿尔法雷兹警长搜索了孩子住的茅屋，没有找到任何线索。正当他准备跨出房门的时候，一缕阳光照射到门上，显现出一个血污的拇指印。阿尔法雷兹一阵惊喜，马上找来一把锯子，把门上那一段木头锯了下来。

拉·普拉塔警察局聚集了一群指纹法研究迷，带头的是统计室主任胡安·沃塞蒂希。他从法国杂志《科学月刊》看到一篇文章，介绍英国学者法兰西斯·加尔登对指纹学的研究。沃塞蒂希被达尔文的表兄弟加尔登的研究迷住了，也全神贯注地研究起指纹来。他不仅采集被捕者的指纹，而且去停尸房采集死人的指纹。他创造了区分指纹的实用方法，还向警察局内的爱好者不断传授，阿尔法雷兹便是其中之一。

现在，阿尔法雷兹第一次从案发现场找到了指纹，兴奋之情可想而知。他抓住法朗西丝卡的手，将她的大拇指按在一个印泥盒里，再捺在一张纸上。他把纸印与木头上的拇指印做比较，清晰地看到两个一模一样的指纹。

阿尔法雷兹让法朗西丝卡在放大镜下看这两个指纹，她顿时呆住了：指纹完全一样！她再也撑不住了，颤抖着说："是我用石头把孩子砸死的……"

拉·普拉塔警察局成了研究指纹学的大本营。领头人胡安·沃塞蒂希不仅潜心研究，大力传播，还不断实践，有时一天之内就用指纹法鉴别证明二三十个罪犯的身份。功夫不负有心人，经过几年研究，他的《人体测量学和指纹学使用法概论》终于出版。

指纹学从此诞生了，一连串的鉴别制度应运而生。1900 年英国确定指纹鉴别法，1902 年匈牙利、奥地利确定指纹鉴别法，1903 年德国、巴西、智利确定指纹鉴别法，1906 年俄国、玻利维亚确定指纹鉴别法，1908 年秘鲁、巴拉圭、乌拉圭确定指纹鉴别法，1911 年美国确定指纹鉴别法，1914 年法国确定指纹鉴别法。[①]

中国人发明了指纹法，使用指纹法一千多年，却没有人想起要建立一门指纹学。西方人一旦发现指纹法，便如获至宝，穷追不舍：为什么指纹法能够辨别身份？到底有什么学问？虽然指纹学最后只署名一个作者，实际上却凝聚了很多人探索的心血，这些参与者都是笛卡尔方法论的受益者。

指纹法只是一个"术"，指纹学乃是"道"。从"术"上升到"道"，需要的是"建立科学的科学"。没有这门"建立科学的科学"，历经一千年也只会"涛声依旧"，静如止水。西方从发现指纹法到建

---

① 席文举编《世界著名案例精选》，重庆出版社 1988 年版。

立指纹学，只不过三四十年的时间。三四十年胜过一千年，靠的就是笛卡尔方法论。

中国人因为没有"建立科学的科学"，没有从"术"上升到"道"，丢失的又岂止一个指纹学！

现在政法大学开设的刑事侦探学，就是西方在 17、18 世纪，即现代思维运动蓬勃开展的时期总结形成的。刑事侦探学运用的主要是三段式演绎法的逻辑推理。中国古代就有包公、狄仁杰等探案高手，他们的故事家喻户晓，书籍、戏剧都有体现。面对那么多的案例，中国人就是总结不出刑事侦探学，还是因为没有"建立科学的科学"。

英国科学家罗伯特·波义耳（1627—1691）的姐姐莱尼拉芙夫人是笛卡尔的朋友。波义耳比笛卡尔小 30 岁，他在姐姐家里认识了笛卡尔，对笛卡尔敬佩有加，自此走上笛卡尔倡导的方法论之路。他高高举起怀疑思维的旗帜，批判过去的元素理论。最早提出元素这一概念的是古希腊著名哲学家柏拉图，他认为万物之源的四种基本要素是火、水、气、土。后来医药学家们提出的硫、汞、盐三要素理论也风靡一时。波义耳通过一系列的实验批判四元素说和三要素说，提出只有那些不能用化学方法再分解的简单物质才是元素。波义耳出版的化学专著《怀疑的化学家》，直接将"怀疑"二字放在书名上，以表示他的科学态度。他在书中强调，实验方法和对自然界的观察、测量方法，才是科学思维的正确方法。波义耳最终用实验方法证明了物质是由化学元素组成的，化学元素是不能再分解的物质。这个划时代的成果，使得化学从此成为一门独立的科学。1662 年，波义耳用实验法论证的"波义耳定律"问世："在密闭容器中的定量气体，在恒温下，气体的压强和体积成反比关系。"这是人类历史上第一个被发现的定律。波义耳坚持笛卡尔方法论的认识路线，推翻万物之源是火、水、气、土的理论，建立了化学这一门自然科学，而中国人认知的"金木水火土"学说却从未被质疑过。

关于哈雷彗星，中国在公元前1057—公元前1056年周武王伐纣时就有记载。《淮南子·兵略训》写道："武王伐纣，东面而迎岁，至汜而水，至共头而坠。彗星出，而授殷人其柄。时有彗星，柄在东方，可以扫西人也！"《春秋左传·鲁文公十四年》记载："秋七月，有星孛入于北斗。"这是世界上第一次关于哈雷彗星的确切记录。从公元前240年起，哈雷彗星每次回归，中国均有记录，而且十分精确。但是，这些观察记录却没有被人研究。17世纪英国天文学家埃德蒙·哈雷从300多年的彗星记录中挑选了24颗彗星，研究它们的轨道运行规律，按照笛卡尔方法论中的假设法，大胆提出预言：1682年出现的那颗彗星，将于1758年底再次回归。在哈雷去世10多年后，1758年底，这颗彗星准时到达哈雷预测的位置，他的研究成果得到了证实。后人为了纪念他，把这颗彗星命名为"哈雷彗星"。[①]

中国古代的天文观察十分发达，可就是没有产生一门叫"天文学"的科学。因为中国的"发达"，仅局限于对天文现象的观察和记录，属于"术"的范畴，没有进入行星运动规律的研究。我们一直说中国古代天文学很发达，这一说法是不准确的，不过是天文观察发达而已。

---

① 席文举：《思维方法库》，南方出版社2018年版。

即便中国人引以为傲的四大发明，其实也只是四种技术，而非四门科学。

中国人的有"术"无"学"，连成语的构成也受到限制。形容一个人不好好学习，有个成语就叫"不学无术"。这说明，"术"是高水平的标志，中国人当时的认识达不到"学"的水平，到"术"也就止步了。

因为没有掌握笛卡尔的方法论，许多处于萌芽状态的"术"便难以向前推动，更难以形成系统的科学理论，也就不会对社会生产力的发展产生巨大作用。

今天，当我们讨论中国人为什么拿不到诺贝尔科学奖时，同样没有抓住问题的要害。笛卡尔方法论诞生近 400 年，每一项诺贝尔科学奖的背后都有笛卡尔方法论的影子。可以说，科学家对诺贝尔奖的竞争，就是使用笛卡尔方法论的竞争，谁将笛卡尔方法论运用自如，谁就能拔得头筹。如果有一天中国转变了教育观念，距离诺贝尔科学奖也就近了一步。

笛卡尔的《方法论》发表于 1637 年。我们希望在 2037 年，中国能够以学习和运用笛卡尔方法论"建立科学的科学"的优异成绩，来纪念笛卡尔方法论诞生 400 周年。

天津人民出版社出版了《中国人的思维危机》一书，作者宋怀常在书中说："在面对世界现代科学的伟大成就时，我们不能不感到汗颜，我们所学所用的知识，不论是自然科学领域还是社会科学领域，大都是西方人创造的，我们的贡献是很少的。自然科学不用说了，社会科学中，现代哲学、心理学、社会学、法学等学科的理论，基本上都是洋人创立的。"

作者讲述的这个情况，是很多中国人没有想过的。很多人以为，中国这 400 年来，科学技术也就是自然科学当然是落后了，那社会科学是先进的吧？宋怀常先生说，中国人落后的绝不只是自然科学，社会科学同样在不少领域是落后的。他的论据是，我们大学里所学的社会科学，基本上也是西方的。

为什么中国的社会科学也落后呢？原因还是那一个：没有"建立科学的科学"。

这个结论也不是我的一己之见，"湖畔风铃的博客"在介绍美国宾夕法尼亚大学艾伦·考尔斯教授所著《现代思维的诞生》时提出了同样的观点。我在前面重点介绍了自然科学家们运用笛卡尔方法论打开了一扇又一扇自然科学的大门，其实，研究社会科学的科学家们，同样用笛卡尔方法论创立了一门又一门社会科学的学科。

在西方现代思维大革命中，涌现出来的社会科学领军人物和总结创造出来的社会科学的学科很多。《现代思维的诞生》系列讲座提到的有：英国思想家约翰·洛克（1632—1704）的《人类理解论》（即认知论）；法国人皮埃尔·拜尔（1647—1706）的《历史批判词典》；法国社会学家、西方国家学说和法学理论的奠基人查理·路易·孟德斯鸠（1689—1755）的《论法的精神》（全面分析了三权分立原则，被赞为"理性和自由的法典"）；法国思想家、哲学家、文学家伏尔泰（1694—1778）的《哲学书简》和《老实人》（公认为启蒙运动的领袖，被称为"法兰西思想之父"）；苏格兰哲学家、经济学家和历史学家大卫·休谟（1711—1776）的《自然宗教对话录》；意大利法学家西萨尔·贝卡利亚（1738—1794）的《论犯罪与刑罚》（深刻地批评了酷刑与死刑，提出了最符合人性的法治规划，是现代刑法学的奠基之作）；法国思想家、哲学家、政治理论家和作曲家让－雅克·卢梭（1712—1778）的《论科学与艺术》《论人类不平等的起源和基础》《社会契约》（其思想深刻地影响了启蒙运动、法国大革命和现代的政治、哲学及教育，就连马克思主义也可以溯源到卢梭的理论）；等等。

在西方现代思维运动中，社会科学的发展潮流虽然比不上自然科学的发展潮流，但是，它同样汹涌澎湃，势不可挡，给人类社会的发展带来了深远影响。

纵览西方社会科学的发展潮流，有这样四大特点：（一）高举批判性思维的大旗，批判旧世界；（二）思辨思维推动大辩论，辩论出真理；（三）在实践中不断检验和发展真理；（四）自然科学与社会科学营养互补，携手并肩。正是这四个原因，使得西方的社会科学在现代思维运动中突飞猛进，产生了许多社会科学的学科体系。

西方社会科学发展的第一个特点，是高举批判思维的大旗。批判火力最集中的，首当其冲是宗教神学，同时还有国家机器、法律、历史、文化、道德、意识形态等。笛卡尔提出怀疑一切，是不是真理先提出质疑，然后用三段式演绎法做推理，证明是真理的，就存在；不是真理的，就推翻。人多势众，社会上各种各样的问题都被提出来讨论研究。

卢梭的《论人类不平等的起源和基础》批判社会的不平等现象；伏尔泰介绍英国的政府和社会制度，用英国的事例来批判专制愚昧的法国政府，提倡现代社会应该由法律而不是统治者的意愿来维系。

拜尔的四卷《历史批判词典》充满了尖锐的批评，涉及哲学、宗教、历史等多个领域，每一本都引发大论战。他认为必须用振聋发聩的语言才能把读者从自我陶醉中唤醒，因而他的文字雄辩而有力量。《历史批判词典》取得了现代出版史上空前的成功，一次又一次再版、扩增，被欧洲人广泛阅读。

休谟的《自然宗教对话录》是一本批判宗教最深刻、最有针对性的著作。一些朋友在付梓出版之前读过，担心他遭到不利的评判，建议他把书中费罗的观点做淡化处理。休谟考虑了很久，毅然决然地向自然宗教的基础发出挑战。

西方社会科学发展的第二个特点，是用三段式演绎法做推理，从而引起不同意见的双方展开大辩论。思辨思维推动大辩论，使得真理越辩越明。很多社会科学的学问，就在不断辩论中形成。欧洲几个世纪以来的宗教神学，本来就没有停止过三段式推理的辩论，这下子，辩论的领域又从神学扩展到政权、国家机器、法律、历史、文化、道德、意识形态等，愈发热闹了。

比如，休谟通过《自然宗教对话录》中的费罗之口，用推理的方法指出了自然宗教的四个致命缺陷：（一）这个理论把宗教变成了不确定的东西，因为人的经验并不能保证一定是真知，而只是接近真知的过程。（二）把"设计一座建筑或一台机器"比作"创立宇宙"，这种类比不足以说明问题，因为二者之间的相似是很有限的，它们之间的差异远远超过了类似之处。（三）我们只观察到一个宇宙，不能类比。假如我们观察了多个宇宙，那么从一个宇宙的研究中得到的认识就可以放到另一个宇宙中去验证，但这是不可能的。（四）在科学上，如果要确认某一个假设的正确，就不能有反例，一个反例就能推翻假设。所以不能通过研究自然界去认识上帝，也不能以人类造物的经验去推论上帝的创世。

洛克《人类理解论》的认知论认为，一个复杂的思想可以被分解成简单的组成部分，可以和我们对于真实世界的体验相比较，从而加以确认或否定。这种分析和判断，在很多方面对很多学科的理论系统进行了重审和批判，成为 18 世纪的使命。这个使命，是洛克认知论的遗产。

艾伦·考尔斯教授在《现代思维的诞生》中说：17 世纪的知识分子所受的教育，让他们自认为是争辩者，是讲逻辑的人，不害怕别人的争论和反对意见。当时的教育观点是：要想证明你的观点正确，你必须先想好可能有的反对意见，并且有论据来驳倒它。你驳倒的对手越强大，就越能证明你的正确。他们从来不会放弃论战的阵地，只要还有反对的意见，就要继续论战下去。

《现代思维的诞生》还介绍说，笛卡尔《沉思录》的出版商是个僧侣。在出版之前，他先请当时思想界的名人们读笛卡尔的手稿，征求他们的反对意见；再把那些反对意见转达给笛卡尔，让他反驳。这些反对意见和笛卡尔的反驳都被加进书中一道出版。所以当你读到《沉思录》时，也读到了这些争议。

分析和思辨，形成了西方思维的潮流。社会科学和自然科学，就在这种辩论的潮流中同时得到发展。

经院哲学家和启蒙学者是当时大辩论的两大阵营，经过将近两个世纪的大辩论拉锯战，经院哲学家节节败退，启蒙学者们乘胜追击。最后，经院哲学家只在宗教界内还有一席之地，它的统治地位被彻底推翻。在社会上那些受过教育的人群中，新思想已经冲出了传统的禁锢。探讨"新哲学"的书刊大量涌现，几千年的传统观念被质疑，迷信被科学知识取代。知识的来源不再是古人之言，而是基于对事物的观察、归纳、推理、验证；追求真理是一个认知过程，这个过程应该用正确的方法指导。一个全新的时代到来了。

西方社会科学发展的第三个特点，是真理要经过时间和实践的不断检验，很多理论是经过反反复复的波折，最后才被证明是不是真理。

社会科学与自然科学最大的不同，是自然科学只要严格按照三段式演绎法，一步一步做严密推理，推出来的结论就像铁板钉钉一样，是无法推翻的真理。牛顿的万有引力经过演绎法和微积分数学方法一证明，就是绝对真理。有好几个人想推翻，多次试验都未能成功。可是社会科学就不行。

人们都知道现代思维运动引起科学技术大革命，进而引起工业革命。思维大革命、科学技术大革命、工业革命，这三场革命成了连环套，一个推动一个。其实，思维大革命还推动产生了两次政治大革命：一个是资产阶级大革命，另一个是无产阶级大革命。西方社会的政治变革和社会科学的理论变革，纵横交错，一起推动了新的理论学科的诞生。

在欧洲社会科学发展的过程中，由于政治革命的原因，多次出现反反复复的现象。比如伏尔泰，他的言论为法国所不容，《哲学书简》

在司法宫前被焚毁，官方判他坐牢或者流放。伏尔泰选择流放英国，这才被放出巴士底狱，被判终身不得回巴黎。可是十多年后的1778年，他的遗体被运回巴黎安葬，受到了英雄般的礼遇。那时，法国的政治形势发生了改变，他的理论重新受到社会的青睐，于是有人说："伏尔泰离开法国时是个诗人，回到法国时是个哲学家。"

由此可见，西方社会科学的发展并不像自然科学那样一帆风顺，是经过了血与火的考验的，有些学问就是用鲜血和生命换来的。有的理论，创立者在世的时候反应平平，身后却成了畅销书；有的理论在本国的反对声浪很高，在另一个国家却大受欢迎。这种时空错位现象，在社会科学形成的过程中屡见不鲜。

西方人不仅使用演绎法和笛卡尔方法论建立了高等数学、物理学、化学、生物学等一系列自然科学的体系，而且建立了各种社会科学的学科体系。如果没有笛卡尔方法论，这些新的学科一概无从谈起；如果中国的社会科学工作者连演绎法都弄不明白，又何谈建立新学问、有新作为呢？

中国人的社会科学理论，大多是直截了当地把结论摆出来，就此成为真理。怎么来的呢？不知道。没有论证推理的过程。如果按照西方的理性思维，凡是没有经过严密推理产生的结论，都要画个问号。此外，中国没有出现长期拉锯战的大辩论，即使有不同意见的争论，最后也是由皇帝一锤定音。这样的生态环境很难熏陶出思辨能力。

笛卡尔方法论本来是一个由若干方法组成的方法体系，可是，把笛卡尔方法论作为一个体系来研究的中国人凤毛麟角。柳斌杰先生在为我的《传媒方法论》一书所作的序言中评价道："《传媒方法论》的一个突出特点，是将笛卡尔方法论体系做了系统阐述。迄今为止，除了马克思主义世界观、方法论外，没有哪一个方法论的成果能够超过笛卡尔方法论的，也没有哪个方法论有像笛卡尔方法论那么完整的体系。"

第六章

中国人对证明一无所知？

莱布尼兹之说正中要害

德国数学家、哲学家莱布尼兹是一位百科全书式的思想家。他在自然科学、社会科学、人文科学和工程技术等诸多领域都有着非凡的建树。因为十分欣赏中国文化，他极力推动中西文化的交流。

莱布尼兹于 1697 年出版了一本介绍中国的书籍《中国近事》。书中除了对中国文化做出评价外，特别说了一句发人深思的话："看来中国人缺乏心智的伟大之光，对证明的艺术一无所知，而满足于靠经验而获得的数学，如同我们的工匠所掌握的那种数学。"他举例说，中国古代天文学成就只限于观测到的现象和对数据的记载，对这些现象和数据缺乏进一步的分析和探究；而欧洲天文学注重在观测基础上对科学规律进行总结和严密推算。

莱布尼兹的这一说法击中了中国人思维缺陷的要害。证明命题有没有方法，有多少方法，取决于人们的理性思维水平，也取决于做科学研究的水平。如果不懂证明，就只能记录下观察到的情况，不能做进一步的研究。

笛卡尔寻找真理的方法论，从始至终下了那么多功夫，最后都集中到一个宝塔尖——证明命题。命题一旦证明成功，一门科学就建立起来了。所以归根结底，笛卡尔的方法论是围绕证明命题的方法论。

中国人为什么不懂得证明方法？根本原因是《论语》式思维禁锢了证明方法的产生。在百花齐放、百家争鸣的春秋战国时期，诸子百家推出了一大批著作，都是没有证明就得出结论的《论语》式作品。

本来，按照人们的一般认识论，一个又一个结论都是作者使用归纳法从生活和实践中总结归纳出来的。可是自从有了"圣人"的说法之后，中国人就都谨遵"圣人"之意而不去论证了。

当然，如果追根溯源的话，还有比《论语》更早的《易经》。杨振宁在2004年作报告时讲过一句话："《易经》对中国的科学发展不利。"他认为其中最重要的一点就是不讲演绎论证。《易经》归纳了很多当时的社会现象、自然现象，但没有严谨的演绎和论证。

《易经》和《论语》封闭了中国人的思维，将中国人引向一条偏离演绎推理的非理性道路。虽然历史上也出现过经过严谨证明的辩论式作品，如《过秦论》《曹刿论战》等，但由于数量稀少，不成规模，难以影响人们的思维方式。两千多年来，知识精英一直信奉"半部《论语》治天下"，在《论语》式思维里巡弋，迈不出《论语》思维的大门。

中国人的类比论证

当然，中国人也创造了一种论证方法，即类比法。我曾在央视《百家讲坛》栏目听过两个人的课：一位讲《论语》，一位讲《易经》。他（她）们使用了大量的比喻和类比，想尽办法让观众明白原著的结论，力图达到"意会言传"的效果，可在我看来根本就是牵强附会，无论我怎么努力揣摩和领悟，还是似懂非懂。

前不久从网络上看到一篇杂谈，调侃中国古人使用类比证明，作者举的例子很能说明问题。

第一个例子是孟子的类比证明：性善与性恶。孟子道："人性之善也，犹水之就下也。人无有不善，水无有不下。"这个证明作为儒学理论的基石，历千年而不倒。

孟子的这个类比经不住推敲：水性与人性，有何关联？如果孟子的证明是成立的，则"人性之恶也，犹水之就下也。人无有不恶，水无有不下"，这样说应该也成立。

这里用了一个反证法。据此，人性之善恶无法按照类比的"水"来做判断，仍然悬而未决。

第二个例子是庄子。庄子与惠子游于濠梁之上，庄子曰："鲦鱼出游从容，是鱼之乐也！"惠子曰："子非鱼，安知鱼之乐？"庄子曰："子非我，安知我不知鱼之乐？"惠子曰："我非子，固不知子矣，子固非鱼也，子之不知鱼之乐，全矣。"

翻译成白话文：庄子和名家惠施在濠水岸边散步。庄子说："你看，河里那些鲦鱼，舒鳍摆尾，多高兴啊！"惠施说："你不是鱼，怎么知道鱼是快乐的呢?"庄子道:"你不是我,怎么知道我不知道鱼的快乐?"惠施道:"我不是你,所以不了解你;你也不是鱼,无疑也不了解鱼。"

庄子和惠施之辩远比孟子高明。孟子将"人性善"与"水就下"连在一起,也不论行还是不行。惠施则反驳庄子"你不是鱼,怎么能知鱼?"换言之,人和鱼是不可类比的。

还有一段关于汤武革命的辩论,异常精彩。《汉书·儒林传·辕固生传》记载:

> 辕固,齐人也。治诗,孝景时为博士。与黄生争论于上前。黄生曰:"汤武非受命,乃杀也。"固曰:"不然。夫桀纣荒乱,天下之心皆归汤武,汤武因天下之心而诛桀纣,桀纣之民弗为使而归汤武,汤武不得已而立,非受命(而)(为)何?"
>
> 黄生曰:"冠虽敝必加于首,履虽新必贯于足。何者?上下之分也。今桀纣虽失道,然君上也;汤武虽圣,臣下也。夫主有失行,臣不正言匡过以尊天子,反因过而诛之,代立南面,非杀而何?"固曰:"必若云,是高皇帝代秦即天子之位,非邪?"
>
> 于是,上曰:"食肉毋食马肝,未为不知味也;言学者毋言汤武受命,不为愚。"遂罢。

译为白话,如下:

辕固是齐人，也就是现在的山东人。山东乃孔孟之乡、儒学发源地，所以，辕固是儒家一派的。辕固对《诗经》很有研究，汉景帝时期，在朝廷当博士。

一天，辕固和黄生在汉景帝面前争论起来。黄生说："商汤和周武，并不是奉什么天命，而是杀害夏桀和商纣的凶手。"辕固说："不对。夏桀和商纣是有名的暴君，荒淫无度，祸乱天下，坏事做绝，人心尽失。民心皆归汤武，汤武替天行道，顺应民心而杀掉桀纣。人民不用强迫，自动归顺了汤武；汤武不得已而立为帝王，不是受命是什么？"

黄生说："帽子再破，也该戴在头上；鞋子再新，也只能穿在脚上。为什么？这是规矩。夏桀和商纣虽不仁义，可毕竟是帝王；汤武再贤明，也是臣下。现在，人主有过错，臣下不是帮助他改正错误，而是因为他的过错杀死他，并取代他的位置面南而立，不是杀戮是什么？"辕固说："照你这么说，本朝高祖皇帝取代暴秦，反倒是错的了？"

本来汉景帝在一边听着，眼见自己的祖宗高祖刘邦也被扯上了，只好加进来，发表总结言论。汉景帝说："没吃过马肝，不算没吃过肉；研究学术，不讨论汤武革命，不算是笨蛋。"辩论就此打住。

这是类比最为成功的思辨案例之一，也是最早对儒家所倡导的"革命"提出质疑的颇具创见的思考。可惜，汉景帝一出面干涉，使之突然中止，且再也没有继续下去。不难看出，正方与反方都极为巧妙地运用了类比，或者说"推己及人""推人及己"的换位思考方式。

还有一个是董仲舒。都知道董仲舒是"罢黜百家、独尊儒术"的首创者，实际上，董仲舒还有一个很有新意的想法，就是借老天爷的势力来对抗皇权。董仲舒的思路是：一方面，把天上的星宿和人间的秩序联系起来，证明天子是"天上最亮的一颗星"，而且是恒星；另一方面，借天有异象来规劝天子，既然你是天上的星星，那么，你的举止不当就会引发天象的混乱，比如天狗蚀日、五星凌犯、流星坠落、彗星弥天，等等。

古人这个类比，认为人和人构成的社会与星体和星体排列而成的天象之间有一种严格的对应关系。某人文章写得好，就是文曲星；某人当了皇帝，就是紫微星下凡。

"官者，星官也。星座有尊卑，若人之官曹列位，故曰天官。"这是司马迁在《史记·天官书》中提到的。他继续写道："斗为帝车，运于中央，临制四乡。分阴阳，建四时，均五行，移节度，定诸纪，皆系于斗。"按照此说，九天之上有一个现实社会的克隆版。所谓天上人间，天上是人间的翻版，人间是天界的下凡。人间的风吹草动，都能从星象上看出来。反之，天界的异动，也一定是人世有了非分之举。要想天象正规，人们必须有所作为。

古人以简单的类比思维，由天变推演人事。天上有"理"，人间有"礼"；"理"是上天、自然、自古以来的大道，"礼"是人、社会、迄今为止的规矩。"理"统御一切，"礼"覆盖众生；朱熹说"万物莫不是一个理字"；《论语》有"非礼勿视，非礼勿闻，非礼勿言，非礼勿听"之言；"二程"说"父子君臣，天下之定理，无所逃于天地之间"；朱熹说"三纲之要，五常之本，人伦天理之至，无所逃于天地之间"。

更可笑的是古人的生死观，办法是：将生比死。一个人是如何活着的，他也将如何死；生前享受什么，死后也享受什么；生前享受不到的，死后也要补上。秦始皇兵马俑就是这一生死观最具代表性的例子。秦始皇几乎"把一切都带走"，地下的一切是其生前生活的翻版。这样的结果必然是秦始皇生死观的反映：死后，人在阴间的生活将和阳间一样。他在阳间退位了，还要去阴间上任。阴间的山川道路、宫殿车马、风花雪月和衣食住行，一样也不能少。阴阳映照，互相对称，只是隔着一层黄土。

秦始皇并非始作俑者，更早的曾侯乙墓葬，九鼎八簋，整整齐齐，和五星级酒店自助餐的食器排列一样。估计曾侯在生前也这么摆，也这么吃。形制巨大的青铜食器，无一不显示着曾侯的霸气：通吃天下。秦始皇之后的历代帝王，都如此这般设计和建造自己的地下寝宫。

帝王是这样，老百姓也不例外，只是老百姓没有皇帝的财富，不能来真的，于是用纸糊的房子、车马、细软、钱财珠宝取而代之。如今的创新更可笑，宝马汽车、别墅洋房、电视、冰箱、洗衣机、平板电脑、智能手机，一应俱全，最后都化作一缕青烟，去阴间报到。阴间的生活与时俱进，和人间等量齐观，并驾齐驱。

这就是中国人生死类比的思维方法。类比的目的，本来是想使内容更易于理解，但类比的结果却使人误入歧途，哪有什么科学性可言？孟子以水论性善，朱熹以"理"证"礼"（音同），还有"天象与人间一致"、将生比死等，这些一概经不起推敲，带着迷信和愚昧的色彩。即使辕固与黄生之辩和庄子的知鱼之乐，同样体现出类比很难证实或证伪某个问题。

类比本来也是一种可用的思维方法，但是，每一个类比都有严格的条件，即需要有相同的东西可以类比，绝不能引起歧义。搞清楚这些问题，类比才可能成为一种科学的论证方法。如果生搬硬套，东拉西扯，就不能算作论证，只能让人啼笑皆非了。

西方人如何看重证明

俄罗斯著名作家列夫·托尔斯泰在他的名著《战争与和平》中讲了一个西方宫廷热衷于数学的故事：老亲王鲍尔康斯基热心于教女儿玛丽亚学几何学，每次他走到女儿身旁坐下，就说："小姐，数学是一门庄严的功课，它会把你脑子里的无聊念头赶走。"这位老亲王无疑并不懂得数学方法，但他却能欣赏数学的"庄严"，这"庄严"就是几何证明中逻辑思维的严密性。在科学方法中，证明占有重要地位。

18 世纪时，瑞士冒出来一颗数学新星——欧拉。欧拉 17 岁即获得硕士学位，发表的第一篇论文得到专家好评；19 岁时，他用数学知识研究了船的航行，发表了关于船桅的论文，获得巴黎科学院颁发的大奖。俄国女皇叶卡捷琳娜看见欧拉才华横溢，聘请他为圣彼得堡科学院院士。

欧拉的数学证明才华引起了当时德国的数论权威、大科学家哥德巴赫的关注，他经常和比自己小 17 岁的欧拉讨论数论的最新成果。有一次，他们谈到大数学家费马的一个猜想：一切形如 $2^{2^n}+1$ 的数都是素数。但他本人未留下任何证明步骤。几十年来，虽然没有人能证明，但人们都认为这个命题不会有错误。然而欧拉认为，任何一个命题都要有严密的证明，这样才能说是正确的。为了验证费马命题是否正确，欧拉反复思考，最后巧妙地用因式分解法证明了当 $n=5$ 时，费马命题的结果是一个合数，从而推翻了数学大师的论断。事实上，在计算机高速发展的今天，除了费马提出的当 $n = 0$、1、2、3、4 时得到的 5 个素数外，人们至今还未找到第六个费马数。欧拉在数论的险峰上以证明取胜，显示出他超凡的证明能力。

欧拉担任彼得堡科学院院士达 31 年之久，俄国人视他为俄国的数学大师，并以他为傲。在那里，欧拉承担了俄国亟待解决的许多科研课题，就连当时大学的数学教科书也由他编纂。

对命题的证明，一度成为西方上流人士热衷的爱好。曾经威震世界的著名军事家、政治家拿破仑也是一个数学天才，他自小就迷恋数学证明。1784 年，拿破仑被巴黎军校召见，召见人中有当时著名的数学家拉普拉斯，他发现拿破仑具有杰出的数学才能，这成为拿破仑进入巴黎军校的重要因素。拿破仑在行军打仗的空闲时间，总爱钻研平面几何的证明问题。1795 年，他在读了意大利数学家马克罗尼的几何作图著作后，给法国的数学家出了一道证明题："仅用圆规而不用直尺将一已知圆心的圆周四等分"。该问题后来被解决，后人称之为"拿破仑问题"。

数学界还有一个"拿破仑定理"，说的是：如果从一个任意三角形的三边向外或向内分别做三个正三角形，那么这三个三角形的中心彼此联结起来，必然也是一个正三角形。该正三角形被称为"拿破仑三角形"。《山东电力高等专科学校学报》2001 年第 3 期刊登了张庆华、山圣峰写的论文，题目就叫《拿破仑定理在城镇规划中的应用》。

拿破仑说过："一个国家只有数学蓬勃发展，才能展现其国力的强大。数学的发展与国家繁荣昌盛密切相关。"

1876 年一个周末的傍晚，在美国首都华盛顿的郊外，俄亥俄州共和党议员詹姆斯·加菲尔德正在散步，他看见附近的一个小石凳上有两个小孩在认真地大声争论着什么。

加菲尔德向两个小孩走去，只见一个小男孩用树枝在地上画着一个直角三角形。加菲尔德便问他们在干什么。那个小男孩头也不抬地说："请问先生，如果直角三角形的两条直角边分别为 3 和 4，那么斜边长是多少呢？"加菲尔德答道："是 5 呀。"小男孩又问道："如果两条直角边分别为 5 和 7，那么这个直角三角形的斜边长又是多少？"加菲尔德不假思索地回答道："那斜边的平方一定等于 5 的平方加上 7 的平方。"小男孩又说道："先生，你能给出证明吗？"加菲尔德一时语塞，无法解释。

回家之后，加菲尔德就开始思考如何证明这个勾股定理，接连几天都不得其解。一天，他在国会听议员们讨论问题，忽发灵感，想出了勾股定理的一个非常简捷的证明。他赶忙记录下来，寄给了《新英格兰教育日志》。1876 年 4 月 1 日，《新英格兰教育日志》发表了加菲尔德对勾股定理的证明方法。

4 年以后，1880 年 11 月，詹姆斯·加菲尔德当选为美利坚合众国第 20 任总统。他虽然政绩平平，并且在任上惨遭暗杀，却因为发现了毕达哥拉斯定理的一个非常简捷的证明方法而在数学领域上青史留名。正是由于这个原因，崇拜定理证明的美国人将詹姆斯·加菲尔德的青铜雕像安置在华盛顿的国会山前，那一圈白色大理石台阶的四周是一片空地，没有其他总统或者名人与其分享这份殊荣。

毕达哥拉斯定理是欧几里得几何学里提出和证明了的一个经典定理。可是，两千多年来，西方人不断地寻找新的证明方法，迄今为止，关于勾股定理的证明方法已有 500 余种。数学家 E.S. 卢米斯就收集有 370 种证明方法，出版了《毕达哥拉斯命题》一书。参加证明的有美国总统，有大画家达·芬奇，更多的是数学家和数学爱好者。证明方法千姿百态，美国总统加菲尔德的证明直观明了、简洁易懂，人们将这一证明方法称为"总统证法"。展读《毕达哥拉斯命题》，形形色色的证明思路令人眼花缭乱，思维被不断撞击，大有茅塞顿开之感。

西方人的思辨能力之所以强，就是因为西方国家普及了高等数学的证明，大学前两年基本上是基础教育和通识教育，其中最重要的就是学习高等数学。高等数学在西方国家的普及率之高，从大画家达·芬奇证明毕达哥拉斯定理的方法即可见一斑，与众不同的方法可以收入数学经典著作。

很多中国人可能会问：一个画家去证明数学定理干什么？这个定理早就被大科学家证明了，还去做这个无用功？还不如打两圈麻将。可是达·芬奇不这么认为。他寻求毕达哥拉斯定理与众不同的论证思路，为的是训练自己的思维能力，这绝不是什么无用功，而是大有用处的思维基本功！达·芬奇在创作过程中观察人物、景物和事物时，善于不停地转换角度，对创作对象、题材的理解随着视角的每一次转换而逐渐加深，最终抓住创作对象的本质，创作出了一幅幅传世之作。

《资本论》的论证方法

马克思的学说也是运用逻辑演绎推理证明出来的，最具有代表性的就是他的《资本论》。

《资本论》是马克思主义理论宝库中光辉灿烂的科学巨著。在这部书中，马克思通过大量事实，详细而深刻地阐释了资本主义的发展历史，剖析了资本主义迅速发展的秘密，揭露了资本家剥削工人的残酷本质，指出了工人阶级贫困的原因，对资本主义制度进行了尖锐的挞伐。为了论证一系列结论，马克思几乎用尽毕生的精力，不断调查，反复探索，他将辩证逻辑推理的方法运用于政治经济学的研究中，从而创立了《资本论》的方法论体系。

《中国学术期刊数据库》2013 年第 2 期发表了李晓白、李理的文章《马克思、恩格斯的数学观对当前大学生的启示和指导作用》，这篇文章说：

在《数学手稿》的第三部分"历史的概述"中，我们可以看出马克思当时主要研究了以下著作：牛顿的《自然哲学的数学原理》，莱布尼兹的著作，泰勒的《增量方法及其他》，达朗贝尔的《流体论》，欧拉的《无穷分析概要》《微分学基础》，拉格朗日的《解析函数论》，谟阿尼奥的《微积分学讲义》，等等。

马克思是一生致力于无产阶级革命事业的伟大思想家，他为了揭示人类历史的发展规律，不遗余力地研究当时出现的自然科学，为的是寻找其中的规律。

《资本论》共三大卷，约180万字，从其中的标题可以看出，几乎在每一卷、每一篇都有数学的名称和术语。反复出现的有："绝对""相对""价值率""价值量""循环过程""公式""周期""过程""总过程""平均利润""超额利润""利润率""利息""利息率""汇兑率""分割"等。这些术语的大量出现，说明著作中有了非常丰富的数学内涵，甚至可以毫不夸张地说，仿佛使人看到一部经济数学的教科书。

我国现代数学家江泽涵先生说过一段名言："马克思研究资本主义的方法同我们研究数学的方法是一样的。《资本论》的论证方法同我们的数学论证方法一样，都是严密地从逻辑上一步步推理和展开，真是无懈可击，令人信服。"

警钟敲响三百年

莱布尼兹的"中国人对证明的艺术一无所知"的警钟，实际上是抓住了中国科学技术长期落后的关键所在。这个警钟已经敲响三百多年了，中国人有多少改变呢？可以说有一些改变，但变化不大。

其一，不说封建社会几百年，就是新中国几十年，学校抓的也只是科学技术知识的教育，没有重视方法的教育。虽然学生的课本上也有方法的内容，但是都处于服从知识、服务知识的次要位置。

其二，莱布尼兹说中国人对证明的艺术一无所知，是从整个国家科学技术的水平与西方做比较来说的。国家没有多少处于世界领先地位的科学技术，说明掌握证明艺术的水平不够高。我们培养的学生能够证明课堂上的习题，可是在尖端技术上鲜有作为。

其三，莱布尼兹是笛卡尔方法论的继承者，更是将笛卡尔方法论的理性思维艺术推向巅峰的人。科学之所以称为科学，就是经过公理化方法的严格的三段式演绎，证明科学是千真万确的科学，离开了演绎法，就无法确定是否为科学。莱布尼兹这里所说的证明的艺术，绝不只是演绎法单个证明方法的掌握，主要是指缺乏通过渐次推理来寻找真理的逻辑思维路线。中国人不下功夫掌握这个寻找真理、证明真理的笛卡尔方法论，领导世界科学技术的发展潮流就无从谈起。

莱布尼兹的话需要时时提起，警钟需要长鸣，因为很多国人还没有醒来。

第七章

中国人与美国人的思维差距有多大

华为总裁任正非在一次讲话中说，中国与美国在科学技术上的差距短期内不会缩小，估计 20 年到 30 年，甚至五六十年都无法消除。

在此，我从大众阅读的习惯，来比较一下中美两国国民思维的差距。

1980 年，英国作家迪特·威廉姆斯出版了一本名为《化装舞会》的儿童读物，要小朋友根据书中的文字和图画，找出一件"宝物"的埋藏地点。"宝物"是一枚制作精巧、价值不菲的金质野兔，埋藏地点在英国。此书一出，立即在社会上引发了一场"寻宝大战"。很多人在童年时期都有过寻宝梦想，所以不仅是孩子们，连成年人都被吸引进来，参与寻宝。在此过程中，《化装舞会》一书和"宝物"始终是大众和媒体关注的热点。"宝物"到底藏在哪里？要多久才会有人找到？谁能既聪明又幸运地发现它？

这些悬念一直刺激着人们。直到两年以后，一位工程师在伦敦西北部的浅德福希尔村发现了那个小金兔，此时，这本书已经卖出了

200 多万册。

　　2004 年 11 月，美国儿童作家、亿万富翁麦克尔·斯塔德萨写了一本童话寻宝书——《大宝藏》。他为该书准备了 14 件珍宝，最低价值数千美元，最高的达到 45 万美元，总价值在 100 万美元以上。斯塔德萨在美国不同的地方藏了 14 张兑换券，聪明的读者可以按照书中巧妙埋藏的线索，破解密码，最终找到这些兑换券。结果 14 张兑换券被人们一一找到。找到最后一张兑换券的是加利福尼亚州一位 51 岁的妇女，名叫埃米·科勒。埃米是个家庭主妇，自从迷上《大宝藏》后，每天早上丈夫一出门，她就把书翻出来研读，有时她的表姐也上门来，两人一起分析，浏览该书的网站，看斯塔德萨的电视采访，不放过任何一个可能的线索。把书读了 13 遍之后，埃米突然开窍了，最终在旧金山金门大桥附近发现了这张兑换券，用它换来一颗价值 2 万美元的钻石。

　　《大宝藏》很快登上畅销书排行榜，获得了巨大的商业利益。随后，麦克尔·斯塔德萨又推出一部童话书《炼金术士达尔的秘密》，书中名叫达尔的炼金术士分别在世界上的不同地方埋了 100 件珍宝。读者可以根据书中提供的线索破解密码，在世界范围内寻找到总价值 100 万英镑的珍宝，其中最值钱的一枚宝石价值 53 万英镑。他提前几个月就在媒体上发布预告，在世界范围内推销其作品。

　　出版社和作家们不断推出"寻宝大战"的小说和出版物，目的自然是追求发行量和商业利益，而有兴趣的读者要想找到宝物，靠的是发散思维、收敛思维和逻辑思维。因为宝物埋藏的范围很广，必须用发散思维去四处寻找。《化装舞会》宝物埋藏的范围是全英国，《大宝藏》宝物埋藏的范围是全美国，《炼金术士达尔的秘密》宝物埋藏的范围是全世界。要到那么宽的范围去寻找，首先得确定宝物的方位，然后要一步一步地缩小范围；一旦确定某一个小范围，比如旧金山金门大桥附近，那就得运用收敛思维，从各种信息中分析出宝物的具体藏地；最后锁定具体地点时，又要运用推理的逻辑思维。所以要想得到宝物，发散思维、收敛思维和逻辑思维缺一不可。

为了说明寻宝小说的意义，我们在此特别介绍 20 世纪 60 年代日本人对中国大庆油田的位置确定和产油量判断的推理过程。

日本是一个资源短缺的国家，对石油尤其敏感。60 年代时听说中国发现了大庆油田，日本马上投入研究。当时中国对这些事情是保密的，绝大多数中国人都不知道大庆油田在哪里。日本与中国没有外交关系，但是，日本人却快而准地确定出大庆油田的位置。首先，他们从《人民画报》刊登的铁人王进喜的大幅照片上推断出大庆油田在东北三省偏北处，因为照片上的王进喜身穿大棉袄，背景是遍地积雪。接着，他们又从另一幅肩扛人推的照片上，推断出油田离铁路沿线不远。他们还从《人民日报》的一篇报道中读到一段话，王进喜到了马家窑，说了一句："好大的油海啊，我们要把中国石油落后的帽子扔到太平洋里去！"据此，日本人判断，大庆油田的中心就在马家窑。

大庆油田什么时候产油了呢？日本人判断：1964 年。因为王进喜在这一年参加了第三届全国人民代表大会，如果不出油，王进喜是不会当选为人大代表的。

日本人还准确地推算出大庆油田油井的直径大小和油田的产量，

依据是《人民日报》一幅钻塔的照片和《人民日报》刊登的国务院政府工作报告，用当时公布的全国石油产量减去原来的石油产量，简单之至，连小学生都能算出来——日本人推算出大庆的石油年产量为3000万吨，与大庆油田的实际年产量几乎完全一致。

有了如此多的信息和线索，日本人迅速设计出适合大庆油田开采用的石油设备。当我国政府向世界各国征求开采大庆油田的设计方案时，日本人一举中标。这就是历史上著名的"照片泄密案"。

日本人探察大庆油田的逻辑推理过程，并没有采取秘密刺探情报的手段，而是仅从中国的官方资料上就推算出所需的一切情报。日本人是顺着见微知著的思路收集有用的公开情报信息的，这种收集信息的方式虽然简单易行，却要求信息分析人员具备较高的逻辑思维素质，能够从各种各样杂乱无章、纷繁复杂的信息中，迅速分辨哪些信息有用，哪些信息无用；哪些信息是真的，哪些信息是假的。思维过程运用的就是发散思维、收敛思维和逻辑思维。

寻宝小说虽然追求的是商业利益，却可以起到训练和提高读者思维的效果，一个读者无论是否找到宝物，因为参与了从书中信息做逻辑推理的过程，对思维训练来说有益而无害。小说家如何埋藏宝物，如何在书中的情节和细节描写中掩藏信息符号，也要动一番脑筋，同样需要发散思维、收敛思维等各种逻辑思维方法，而且对作者思维方法库的要求，比对读者寻找宝物的思维要求更高。如果埋藏地点太明显、轻而易举地被读者识破，阅读和参与兴趣就会大打折扣；如果太隐晦、太难以识破，也没有多少意义。识别的程度要难易兼顾，最好和宝物的价值成正比，越是难找的宝物价值越高，需要的智慧也越高，整个寻宝过程就是一个展示思维方法的系统工程。这就如同考试，出题人的水平要远远高于答题人的水平，既要保证考题能够考验考生的智慧和水平，还能通过答题达到提高考生水平的目的。

为什么英美国家会出现这样的寻宝小说和读者的寻宝热？因为这两个国家是逻辑思维最发达的国家，无论是作家还是读者，逻辑思维水平普遍较高。作家具备写作水平，读者具有欣赏、阅读和追求的水平。最后从旧金山金门大桥附近找到价值2万美元钻石的，不过是一名普通的家庭主妇。

寻宝小说、推理小说都属于科学小说。近两个世纪以来，美国的科幻小说、科学小说都极为发达，这与美国作家擅长科学方法论不无关系。当然，只有作家会写科幻小说和科学小说还不行，读者喜欢才是王道。读者和作家产生共鸣，共同营造了美国科幻小说和科学小说的市场氛围。科幻小说作家成了美国的主流作家群，因为发行量大，他们大都有不菲的版税收入。科幻小说和科学小说也营造了对国民进行科学方法论的教育环境，连读小说都在学习科学思维，美国攻克科学技术难关、获得诺贝尔奖的人才层出不穷，也就不足为奇了。

我们中国人长期以来把文学称为"人学"，小说大多写的是"与人斗其乐无穷"的故事。美国与此相反，"与人斗"的小说不太受读者青睐，而科幻小说、科学小说则在图书市场遥遥领先，国际上的各种科幻小说奖几乎被美国作家垄断，就连好莱坞，也是科幻大片的领军者。

中国的作家在干什么呢？看看屏幕上的影视剧就知道他们在忙什么了。近些年来，一部又一部表现宫斗的电视剧占据了屏幕，历史上有些名气的皇帝都被写完后，接着写"妃子斗"，导演、演员、投资者、观众，人人都沉浸在"与人斗"的快乐之中。宫廷斗争之外，反映普通老百姓的"钩心斗角"更是花样翻新，即使编得漏洞百出，也乐此不疲。因为，我们的大学文学院遵循"文学就是人学"的教条，教的就是"与人斗"的文学艺术。[①]

在中国，写人文小说的作者举目皆是，写科幻小说和科学小说的人，打着灯笼都难找。美国人读小说就是在学习逻辑思维，中国人读小说为的是研究如何"与人斗"，思维差距当下立现。这也是两种学校教育的成绩表——"与人斗"的思维就是向权力要财富，"与天斗"、"与地斗"、与大自然斗的科学思维就是向大自然要财富。要改变这个思维状况，不是三四十年的事情，至少需要几代人。

---

① 席文举：《传媒方法论》，中国社会科学出版社 2001 年版。

第八章

知识、方法和方法论

什么是思维方法?

思维方法是人们接收到一个信息后,对信息进行思考、咀嚼、加工,决定采取下一步的对策,在这一思维过程中所运用的工具和手段。人们使用思维方法,如同农民在农事活动中使用镰刀斧头等农具、工人在加工器械中使用车钳铆焊等机床、军队在作战中使用枪炮坦克等武器。

西方科学技术大革命不仅带来了科学技术的大发展,科学家为了研究、认识和揭示世界的真相,也总结和创造了各种各样的思维方法。正是科学家们使用的这些新的科学思维方法,形成了一股科学思维浪潮,促成人类历史上的一次思维大革命,即"现代思维运动"。

哲学是自然科学和社会科学的总结。哲学家将自然科学的方法和社会科学的方法汇集起来并加以提炼,就形成了哲学方法。

哲学归纳总结出来的思维方法，按照方法作用与范围的不同，一般分为三个层次：哲学方法、一般方法和专业方法。

普遍的思维方法即哲学思维方法是科学思维方法中的最高层次，唯物辩证法的一系列原理和规律，即属于最高的哲学方法。

除哲学方法外，各门科学所通用的一般思维方法，同样具有较大的广泛性。如抽象与概括、观察与实验、演绎与归纳、分析与综合、比较与类比、发散与收敛、裂变与聚合、矛盾转化规律、量变质变规律、整合法、统筹法、模型法、博弈论、信息方法、控制方法、结构功能方法，等等，这些科学思维方法在各个领域普遍适用，常常简称为普适法。

每门科学所独有的具体思维方法，是由不同科学学科研究对象的独特性所决定的。这些属于一门学科所独有的思维方法，也是这门科学工作者必须掌握的。

上述三个不同层次的科学思维方法，即普遍的思维方法（哲学方法）、各门学科共同的一般的思维方法（普适法）和某个科学学科独有的专业思维方法，是普遍、一般和特殊的关系。

三个层次的科学思维方法既相互联系，又相互区别，在人们的科学思维运动中有着各自的作用，彼此不能相互替代；同时它们又相互渗透、相互影响，是人们走向真理、接近真理的统一的思维规则、手段和工具。任何一门科学的工作者，都必须掌握这三个层次的科学方法。

然而，在现实生活中，很多人只重视专业方法的学习，忽视普适法的学习，造成舍本逐末、难以挽回的结果。因为一个单位、一个事业、影响全局和发展前景的决策，绝不是专业方法能够完成的，而是由理性思维方法也即逻辑思维方法和普适法决定的。而那些普遍适用的方法，像逻辑思维方法、演绎法、归纳法、分析法、综合法、模型方法、信息方法、控制方法、统筹方法、整合方法、博弈方法等，恰恰是科学家们深思熟虑、精心总结创造出来的人类智慧的结晶。不学习、不掌握这些思维方法，思维空间就会受到很大限制，容易因小失大，得不偿失。一个人思考自己的前途或事关全局的大事，一个担负一定责任的领导，必须学习各个领域普遍适用的哲学方法，如此才能站得高、看得远，做出跟上时代步伐、符合科学规律的正确决策。

什么是方法论？

人们在遇到现实问题的时候，常常不是只用一个方法就能解决，而是需要一个又一个思维方法的接力运动，一个若干方法组成的方法链条，最终使问题得以解决。就好比工人加工一个零件，往往要在磨床上磨一磨，又在刨床上刨一刨，或者用焊枪做个焊接等，需要好几道程序，才能做出合格的产品。

而这个使用若干思维方法的接力去认识一个事物的过程是遵循一定规律的，这一研究认识事物过程中思维的方向和路线就是方法论。

方法与方法论的关系是：方法是指一个个方法，如演绎法、归纳法、分析法、综合法等；方法论则是研究运用哪些方法来解决实际问题的规律。

方法是认识事物过程中使用的具体方法，方法论则是研究认识事物全过程中思维的方向和路线。方法论是站在方法之上研究事物，高点思维，居高临下，运用一个又一个具体的方法，寻找事物的整体解决方案。方法论是领导方法的，指导方法在实际问题中如何发挥作用。

所以，方法论就是过程论。思维过程中运用一个方法单打独斗一蹴而就的事情，只是其中的一部分，不少情况都需要若干个方法的思维接力，才能完成对事物的认识。这就是方法和方法论的关系。学习思维方法，既要学习哲学总结出来的一个个科学方法，更要学习培养创造性思维能力的科学方法论。

在各种各样的方法论中，笛卡尔方法论因为推动了科学技术大革命的赫赫功绩，为众多科学家所推崇，被誉为"建立科学的科学"，是人类研究科学思维方法的最高成就，迄今无人能出其右。实践证明，笛卡尔方法论是培养创造性思维的最佳途径。

笛卡尔在《方法论》中提出的那套思维方法，在亚里士多德的"发明的发明"基础上，精心打造出人类思维的工具和方法，推出了"建立科学的科学"——以分析归纳法为主要内容的逻辑推理方法，使得西方的科学家们创造出庞大的科学体系。

英国哲学家怀特海说过，"所有的工具中最伟大的工具是思维工具，思维工具是器中之大器。"

方法和方法论是人类智力的表现。一个人如果只有知识，没有方法，这个人肯定不聪明；如果只有专业方法，没有哲学方法中的普适法，最多也就是耍点小聪明。只有掌握了逻辑思维和各种各样的普适方法，才能真正称得上是聪明人。如果一个人能够掌握和灵活运用笛卡尔的方法论，那就是最聪明的人。那些诺贝尔科学奖的获奖者，就是最聪明的人。

可以说，方法决定了一个人的智力程度：

有知识无方法的人——不聪明

有专业方法无普适方法——小聪明

有逻辑思维方法——聪明

掌握笛卡尔方法论的人——最聪明

如果想要有所创新，想学习掌握笛卡尔方法论，那么，不仅要学好笛卡尔方法论体系的怀疑一切、提出问题、提出假设假说、归纳法、演绎法、分析法、综合法、化繁为简法、划归法、批判性思维、建设性思维等方法，同时要学好各个领域普遍适用的普适法。因为笛卡尔方法论在运用的过程中，根据具体事物所处的领域，很可能涉及使用各个领域的方法，也就是说，只有学好各个领域普遍适用的普适法，才能真正掌握和运用笛卡尔方法论。学好普适法，是学好笛卡尔方法论的基础。

中国人由于没有参加和经历西方的科学技术大革命，所以对哲学总结出来的科学思维方法缺乏到位的认识，对笛卡尔方法论普遍缺乏了解，所以，我国出版的一些介绍方法的书籍，大多只是方法的罗列，似乎还没有一本真正解读方法论的书。即使名为"科学思维方法论"的书，也仅罗列了若干种思维方法，讲述了每种方法的意义和作用，并没有解释多种方法如何接力的方法论。例如，一个军队的武器库陈列了坦克、大炮、机枪、轰炸机等武器，各军兵种武器似乎应有尽有，而一旦真正打起仗来，仅仅懂得这些武器的功能和作用远远不够，更要懂得各种武器和各军兵种如何统一指挥部署、互相配合作战从而赢得战争。如果是一场阵地战，指挥员可能先会命令大炮一阵猛轰，然后让坦克开过去碾压对方阵地，接着是机枪手冲锋陷阵；至于各军兵种如何排兵布阵，既按照原计划推演，又结合战场情况灵活变化，这实际上就是"方法论"的实施。笔者所著《传媒方法论》对笛卡尔方法论体系的十多个基本方法如何以"三步曲"的程序，即提出选题、准备公理和工具、证明命题的结构链条，如何一步步接近真理，做出了详细的解读。方法论既要懂得每一个方法的功能和作用，更要懂得在探索真理、提出具体解决方案的过程中，如何灵活运用方法，从全局出发，配合作战，将追求真理的决心坚持到底。

方法比知识重要千百倍

自从科学家和哲学家们总结归纳出科学思维方法后，方法也就变成了一种知识。学习知识，当然也就包括学习方法了。

但是，方法从诞生之日起，就是与知识完全不同的一种知识，它能够培养人的能力——思维加工能力。所以，学习方法远比学习知识更重要。

方法和知识不是辩证关系，而是从属关系。方法决定知识的用处。一个人知识再多，充其量也就是一个图书馆，而方法论则是不断创新的智慧库。

唐代学者李善（630—689）知识渊博，博古通今，为《昭明文选》作注，旁征博引，令人叹服。但是他缺少方法，只能为人作注，发挥不出更大的作用。

关于科学方法的重要性，前辈名人有诸多论述。达尔文指出："方法掌握着研究的命运。""方法是最主要和最基本的东西，有了良好的方法，即使没有多大才干的人也能做出许多成就。如果方法不好，即使有天赋的人也将一事无成。"

达尔文的经历就是对他这句话的最好注释。达尔文的祖父和父亲都是医生，子承父业，他们也把达尔文送去学医。可是达尔文一点儿都不喜欢医生这个职业，家里只得让他再读一次大学，达尔文选择了神学。1831 年他从剑桥大学神学院毕业的时候，经导师介绍，以"博物学家"的身份参加了"小猎犬号"船环绕世界的科学考察行动。5年漫长的航海，达尔文从所到过的海岛上收集了大量动植物化石和标本，回到英格兰后，即着手对这些东西进行观察和研究。达尔文站在几百万年的时空高度，探究这些生物化石是怎样一步步演变进化的。那时的生物学家们大都忙着在实验室里做生物细胞实验，透过显微镜观察细胞的变化，没有谁会想到要站在那么远的时空距离去观察生物的宏观变化。那些只是在实验室、显微镜下面从微观角度观察生物细胞的人，永远也研究不出生物进化论。达尔文并没有多少生物学知识，只是用了一个时空思维的方法，就从外行变为内行，成为划时代的生物学家，他靠的就是不用生物学惯常的思维方法。

我国大教育家蔡元培用形象的比喻阐释方法的作用："科学知识是点成的金，最终有限；科学方法则是点石成金的手指，可以产生无穷的金。"如果把蔡元培的话解释得更明白一些，就是：方法可以将知识点石成金。

著名物理学家钱伟长特别强调在教学过程中应该"授人以渔"，而非"授人以鱼"。他指出："教，关键在于'授之以渔'；教书，关键在于教给学生一种思考问题的方法。也就是说，教师给予学生的，不应是'鱼'，而应是捉鱼的方法。"

联合国教科文组织总干事纳依曼曾经说过："当今教育内容的80%都应该是方法，因为方法比事实更加重要。"

在西方科学技术大革命即将来临的时候，英国哲学家弗兰西斯·培根说过一句名言：知识就是力量。培根说这句话的时候，正是缺乏科学知识的时代，自然科学各门学科都还没有形成，人类的科学知识少得可怜。经过400多年的科学技术大革命，人类进入了知识爆炸的时代，新知识诞生的节奏和频率不断加快。当今的时代，有知识或许可以有碗饭，但有方法才能做大事，方法的力量大大超过了知识的力量。此类事例数不胜数，这里简述一二。

第一个例子是克罗克与麦当劳的故事。

20世纪50年代，美国两位30岁左右的年轻人麦当劳兄弟创立了快餐店麦当劳，他们在本地区扩张连锁，很快发展到10家连锁店。时年50岁的餐饮器具销售商雷·克罗克听说麦当劳要10台牛奶搅拌器，感到奇怪，就跑去看个究竟，结果发现麦当劳兄弟的连锁经营理念很先进。他大受启发，建议麦当劳兄弟扩大市场，到全州甚至全国去连锁。可两兄弟说，他们现在已经忙得不可开交，哪里还顾得上再扩张呢。兄弟俩拒绝了克罗克的建议，克罗克于是提出买断麦当劳的品牌，由他来经营。麦当劳兄弟知道克罗克的家底，开出了270万美元的天价。两兄弟心里盘算：70万美元纳税，每人可各得100万，这样就是百万富翁了。他们以为难倒了克罗克，谁知有胆有识的器具销售商毅然卖掉房产，加上贷款，东拼西凑凑足 270 万，买断了麦当劳。从此以后，克罗克在全世界范围内对麦当劳进行裂变式的连锁扩张，成就了麦当劳连锁帝国，克罗克也成了世界闻名的亿万富豪。

麦当劳兄弟创办了麦当劳，具有丰富的餐饮知识，可是没有裂变式的思维方法，看不到餐饮市场的巨大潜力。有知识无方法的麦当劳兄弟，与无餐饮知识但有裂变式思维方法的克罗克，形成了鲜明对比。

举目放眼世界，企业大多以企业家的名字命名，可麦当劳的名字却是特例，麦当劳不属于麦当劳而属于克罗克。这个变化说明：方法才是征服市场的巨大力量。

第二个例子是华为如何在 5G 领域成为世界第一。

很多人不了解任正非为什么能把 5G 做成世界第一，其实，他赢在方法上。

现代电子通信技术靠的是大数据和人工智能，这都需要数学家，1G、2G、3G、4G 的竞争，其实是算法技术的竞争，根本上是数学人才的竞争。我国是数学弱国，我们的数学人才储备与西方数学强国不可同日而语。那是否要等中国很多人学习掌握了大数据和算法，再去参与全世界通信算法技术的竞争？任正非的回答是：不！

任正非懂得博弈论。田忌赛马的博弈方法告诉我们，上场比赛的选手可以不按常规出牌。正因如此，任正非从一开始就定义华为是全球化企业，全球化企业就要在全球范围内广揽人才，特别是数学强国的数学家为我所用，这样就可以将竞赛场上的强弱位置颠倒。

1999 年，当大家还在云里雾里的时候，华为的"俄罗斯数学研究所"就在俄罗斯挂牌成立，由几十名俄罗斯顶尖数学家组成。俄罗斯是 18 世纪的数学第一强国。华为的俄罗斯数学家团队突破了移动网络的几个特殊瓶颈，在 2G 和 3G 算法层面取得了突破性进展，大大增强了华为产品的竞争力。尝到甜头后，任正非又在巴黎设立了队伍强大的法国数学研究中心，研究人员全部为博士及以上学历。从 2001 年开始，华为又加快了国际化队伍研发布局的推进速度。美国是 CDMA、数据通信和云计算的发源地，华为便在硅谷和达拉斯设立了两个研究所。欧洲是 3G 的发源地，爱立信是 3G 技术的领导者，华为又在瑞典斯德哥尔摩设立了 3G 技术研究所。俄罗斯在无线射频领域居于世界领先地位，华为于是在莫斯科建立了以射频技术开发为重点的研究所。华为在全球共建立了 16 个研究所，通信技术各个分支要素的研究基本上全部到位，形成了一个立体覆盖网络。为了建立一支高素质的人才队伍，任正非网罗了各种各样的人才，在华为 18 万名员工中，博士超过 1 万名，分别来自 160 多个国家和地区。

任正非的大学专业是建筑，不具有通信行业的知识，更没有学过算法，可是他懂得方法。为了弥补中国算法人才的奇缺，他将眼光望向全球。当很多人还不知道如何开拓信息通信技术市场的时候，任正非已经用博弈论做出了颠倒乾坤的全球战略部署。

用西方的人才去同西方人才对垒，水平旗鼓相当，也有可能打个平局。怎样才能只赢不输？任正非又采取了一个时间提前战术。当世界上的主要通信强国还在忙于 4G 的时候，华为攻坚 5G 的队伍已经开拔多时了；而等他们站在 5G 起跑线的时候，华为已经拿下了 5G

大部分知识产权，5G 技术第一的局面已经无法改变："对不起，你们来迟了！"

任正非在博弈队伍组织上使用的是偷梁换柱术，在博弈程序上使用的是时间提前术，加起来就是一套时空转换战略。中国本来离算法人才高地相去甚远，可是任正非却把华为打造成为世界算法人才集聚的制高点，打败了西方的竞争对手。这种借力打力的博弈方法，比田忌用自己的马赢齐王的马更胜一筹。

华为的成功让西方人吃惊，也让中国人自己深感意外。依靠智慧，在不经意之间，华为成了 5G 时代的通信巨头。

犹太人的智慧来自方法

方法是智慧的体现，犹太人的方法很值得我们学习借鉴。

两千年来，犹太人曾面对多次毁灭性的灾难和迫害，历经坎坷，长期过着四处流浪的生活。可是，谁也没有想到，这些失去家园的犹太人成为世界上最聪明的族群，其平均智商高达 117 以上。近一两百年的世界历史中，犹太人的身影处处可见。比如马克思，他的科学社会主义和唯物史观改变了我们对历史和社会的认识。再如爱因斯坦，他的相对论彻底改变了人类对时间、空间的认识。弗洛伊德也是犹太人，他的精神分析说改变了人类对自我的认识，让人类发现了多层自我。从自我到社会、再到自然，三个世界都被犹太人改变了。曾经有人写了一本书叫《影响世界历史的三个犹太人》，书中把马克思、爱因斯坦、弗洛伊德称为上一个千年里最伟大的三个天才。

　　犹太思想大师还有很多，如生物学家达尔文、哲学家哈列维、思想家迈蒙尼德、人文社会学家哈耶克、泛神论大师斯宾诺莎、现象学大师胡塞尔、符号大师卡西尔、现实主义理论家卢卡契、当代分析哲学的首倡者维特根斯坦、法兰克福学派的代表人物马尔库塞、新弗洛伊德主义者弗洛姆、著名心理学家马斯洛等，他们的思想都为人类社会进步贡献出了宝贵的精神财富。

　　在犹太人科学家当中，许多人被称为"父亲"，如"原子结构学说之父"波尔、"核和平之父"西拉德、"原子弹之父"奥本海默、"氢弹之父"特勒、"控制论之父"维纳、"世界语之父"柴门霍夫等，这说明犹太人在众多科研领域均发挥了开启先河的巨大作用。

　　最能体现犹太人智慧的是 1901—2001 年一百年间 680 位诺贝尔奖获得者中，犹太人或犹太裔就有 128 位，占总获奖人数的 19.84%。在科技强国美国，犹太人只占总人口的 2%—3%，然而，全美 200 名最有影响的名人中，犹太人占了一半。全美 100 多名诺贝尔奖得主中，犹太人占一半；全美名牌大学教授中，犹太人占三分之一；全美律师中，犹太人占四分之一；全美文学、戏剧、音乐领域的一流创作者中，犹太人占 60%；美国的百万富翁中，犹太人占三分之一。

　　成就犹太人影响力的是学习能力，犹太民族是酷爱阅读、善于思考的民族，是世界上唯一没有文盲的民族，就连乞丐也离不开书。数字显示，犹太人平均每人每年的阅读量是 65 本，为世界最高；我国每年人均阅读量则为 5.14 本，其中还包括教辅用书，相差 10 多倍。试想，一个年均阅读 5 本书的民族，如何跟年均阅读 60 多本书的民族竞争呢？

犹太民族非常看重学问，但是与智慧相比，学问又略低一筹，他们把仅有知识而没有智慧的人，比喻为"背着很多书本的驴子"。犹太人从小就教育孩子要懂得学习方法：学习应该以思考为主，思考是由怀疑和答案组成的。思考是学习的基础，学习是打开智慧大门的钥匙，懂得越多，产生的怀疑就越多，问题就会随之增加，所以提问使人进步，提问和获得答案一样重要。怀疑的方法是犹太人从小就懂得的方法。

善于思考是犹太人最重要的传统。"逻辑，理性，精神世界，终极信仰"是犹太人智慧的法宝。贝勒大学教授总结了犹太人的教育方法：1. 教育目的是让学生有自己的观点和独立思考的能力，需要不断讨论和争辩。2. 放学后家长要问："你今天向老师问了什么"，而非"你今天学了什么"。3. 老师授课好不好，不是取决于教室是否安静，而是是否有更多人发出挑战提问。4. 当每个人都可以随意提问，就是自由的实现。

反观我国当下，父母询问孩子最多的，第一是考了多少分，第二是有没有挨老师批评。分数引导和创新引导，成为中国父母和犹太父母教育孩子的分水岭。犹太人对孩子的启蒙教育主要在于激发好奇心，培养独力性，保护创造力，拥有质疑的精神；中国孩子则是答题和背诵。

不久前，笔者读到中国科学技术协会第十届全国委员会副主席、西湖大学校长、清华大学生命科学与医学研究院院长施一公的一篇题为《中国潜伏的最大危机》的文章，颇为感慨。文中写道："三年前，我获得以色列一个奖项后，应邀去以色列大使馆参加庆祝酒会。期间大使先生跟我大谈以色列人如何重视教育，我也跟他谈中国人也是如何重视教育。他笑眯眯地看着我说，你们的教育方式跟我们不一样。他给我举了前以色列总理 Shimon Peres 的例子，说他小学的时候，每天回家他母亲只问两个问题：第一个，今天你在学校有没有问出一个老师回答不上来的问题；第二个，今天你有没有做一件事情让老师和同学们觉得印象深刻。我听了以后叹了口气，说我不得不承认，我的两个孩子每天回来，我的第一句话就是问：今天有没有听老师的话？"

第九章

中国和日本治未病的方法对比

我们先来讲一段故事。

某卫视养生堂节目请来一位专家，此公于 20 世纪 60 年代初毕业于中医药大学。他说 70 年代他在医院上班，很多时候就是读书看报，因为病人很少。那时中国人的病就很少，可是美国病人多，特别是"三高"病人多。美国问世界卫生组织，哪个国家"三高"人少，世卫组织说中国人很少得"三高"。美国人感到不解：中国得"三高"的人为什么少？于是派了一个医疗专家到中国调研。那个专家经过深入调查，用大量的事实写出了一本书，说明中国人之所以没有"三高"，原因在于中国人的饮食结构合理，国家对人们的肉食定量，主食定量，只有蔬菜不定量，因此人们吃蔬菜多。这本书提倡学习中国人科学合理的饮食结构，在美国风行一时。

讲故事的这个中医专家诙谐地说，我们中国人科学合理的饮食结构现在被我们自己搞忘记了。30 多年之后，大面积的"三高"直追美国。我们现在上班，哪里还有时间看报，连喝水的时间都没有。

中国人的"三高"从70年代几乎可以忽略不计，到21世纪变成大面积的海量人群，这个惊人的数量裂变到底说明了什么？

经过养生知识的学习，现在人们都可以回答这个问题："三高"是吃出来的。

这个回答当然不错，但是没有抓住要领。对比一下日本的做法，即可知道症结何在。

日本在20世纪60年代以"全民收入倍增计划"为目标抓经济建设，仅用十多年时间就成为世界第二大经济体，人民生活水平大幅提高。可是日本人没有止步于满足口福，所以60多年过去了，日本始终没有出现大面积的"三高"。

原因何在？因为日本政府制定了《营养法》，用营养法对全民进行健康教育和健康管理，从而让日本国民人人都懂得吃的科学。日本政府的这个做法，实际上是在给全国人民"治未病"。

什么叫治未病？治未病是《黄帝内经》提出的一个概念。意思是一个人生了病，其实并不是现在得的，很多病是长期的习惯造成的，所以在病情冒头之前就要进行预防性治疗，也就是治未来可能出现的病。这些能够治未病的医生，才是最好的医生，称为"上医"。"上医治未病"最早见于《黄帝内经》："上工治未病，不治已病，此之谓也。""治"是治理、管理的意思。"治未病"即采取相应的措施，防止疾病的发生和发展，主要思想是：未病先防和既病防变。

中国民间广为流传的神医扁鹊的故事可谓家喻户晓。说的是有一次魏文王召见扁鹊，问他："你家三个弟兄都学医，谁的医术最高明？"扁鹊脱口而出："我大哥的医术最高，二哥其次，我最差。"

魏文王很诧异，问："那你为什么名动天下，他们两个一点名气都没有？"扁鹊回答说：大哥的医术之高，在于他可以做到防患于未然。一个人病未起之时，他一望气色便知，然后用药把身体调理好了，所以天下人都以为他不会治病，一点名气都没有。二哥的医术是能治病初起之时，当一个人感冒之初可能要酿成大病的时候，他一用药就将病治好了，所以二哥的名气仅止于乡里，被认为是治小病的医生。我呢，因为医术最差，所以一定要等到这个人病入膏肓、奄奄一息，然后下虎狼之药，起死回生，人们便都以为我是神医。其实我只能算是一个"治已病"的"下医"，大哥和二哥是治未病的能手，他们才是"上医"。

回到本章开头的故事。虽然美国专家总结了中国人科学合理的饮食结构，但我们自己并不重视，乃至 30 年以后，被美国医疗专家作为研究和效仿学习的中国，出现了普遍"三高"的现象。

自古以来一直提倡治未病的中国，为何仅用三四十年的时间就快速成为全民"三高"的国度？中国医生为什么没有给老百姓治未病呢？

其实不是医生没有给人们治未病，医生们也都知道治未病才是上医的道理，给人看病时也都会给病人讲解治未病的知识和预防措施。但是，无论医生还是管理医疗卫生的政府机构，都缺乏一种思维方法——裂变式思维。

日本政府推出《营养法》以及一系列相关法律文件，所针对的不是少数个体，而是全体国民，这便是运用了裂变式思维。它将对一个人的治未病，裂变为给广大民众的治未病。

而中国医生通常只是给找他看病的人治未病，是一对一的治疗，要给全社会的人治未病，就不得不依靠政府管理部门。而这些制定政策的人必须要有裂变式思维，不只考虑生病的个人，更要考虑没有上医院看病的人。近些年随着生活水平的大幅度提高，社会上大吃大喝的人群裂变式增长，而管理医疗卫生的部门并没有运用裂变式思维，去采取相应措施禁止民众大吃大喝。

《黄帝内经》提出的治未病理念，是一种非常好的思维方法，它是中国传统文化中的经典思想，至今依然有其先进性，正在被越来越多的人所认同和接受。遗憾的是，中国人在使用这个经典思维方法时，还是仅限于对个体病人的健康管理上。

的确，中国从未像现在这样拥有如此丰富的物质，人人可以做到大吃大喝，前所未见。但是祸福相依，全民"三高"便随之而来。日本人搞经济建设，预见性地想到经济腾飞之后生活水平会大大提高，人们的饮食习惯会发生改变；饮食习惯改变了，可能就会出现各种病症。日本政府高瞻远瞩，在还没有启动经济改革之时，就全面铺开进行全民营养法的教育。

这件事充分说明：我们还缺乏裂变式思维。在人们无所顾忌地大吃大喝的时候，怎么就没想到给全体国民治未病呢？而担负给全民治未病的"上医"职务的医疗卫生管理者或许根本不懂得裂变式思维。不仅他们不懂，多数国人也都不知道。

裂变式思维方法是 16、17 世纪数学家们在研究变量数学过程中产生的思维方法。在哲学领域，继一分为二法、三分法、多分法之后，又产生了裂变法。"裂变"，顾名思义就是 1 变成 n。n 不是一个小数，裂变即小数变大数，变成一个超常规的数字。20世纪原子核爆炸产生核裂变之后，有人从中受到启发，提出了"裂变式思维"概念，响应者众，于是裂变式思维便成为一种经典的思维方法，现在被人们广泛应用。比如麦当劳在全世界的扩张，就是裂变式连锁。互联网更是将世界推进到裂变思维时代，动辄就将受众裂变为一个天文数字。互联网本身就是裂变的工具和载体，具有强大的裂变市场的能力。特别是在全球一体化背景下，互联网的裂变能力呈现出几何级数的爆发。

虽然裂变式方法在互联网上已经相当普及，但多数国人依然对此缺乏足够的认识。几年前我在写作《思维方法库》一书时，想介绍一下裂变式思维的知识，就去网络上查找相关词条，结果在百度上没有查到"裂变式思维"的词条，接近和类似"裂变思维""裂变"的词条也没有。我又换用搜狗，得到的结果一样。再用谷歌搜索，依然无果。

2016年3月的一天，百度搜索出来的页面显示如下：

搜索工具
百度为您找到相关结果约 336,000 个

裂变式发展模式 百度文库

2013年11月9日 - 这也是燕京"裂变"式发展思维的首次试验。燕京收编华 斯以后,进行了资金注入、管理克隆和市场整合,实施了"五统一、一独立"的经营方针(统 一生产计...
wenku.baidu.com/link?u... - 百度快照 - 85%好评

《裂变 造就互联网思维下的产品、思想、行为的传播奇迹》(杨铎...

互联网思维和裂变式传播 为什么雕爷牛腩、西少爷、黄太吉、伏牛堂这些餐饮店从开张就获得了裂变式的传播?为何脸萌、围住神经猫能在一夜之间火遍互联网?是什么让"...
product.dangdang.com/2... - 百度快照

【返利购买】裂变 造就互联网思维下的产品、思想、行为的传播奇迹
（继《疯传》后中国本土造就影响力传播的著作）裂变思维文化 质华太思 新浪博客

2012 年 8 月 10 日 - 讨论裂变思维和裂变思维源流,首先要强调质华论的初衷原旨,并非无条件绝对否定,...能克服暴力史观的惯性作用,因此在以色列人的早期历史上仍然不乏上帝...

blog.sina.com.cn/s/blo... - 百度快照 - 88%好评

裂变思维:再也不用担心的你的博客内容-天朝学子网赚精品

―――

2015 年 1 月 17 日 - 如题,采用裂变的思想和方法,你将再也不用担心自己的博客内容了。本篇文章,绝对不是你之前所见的那种月经文,而是我自己的实战总结。 我自己玩网络也有些年数了,...

www.chinastudents.cn/p... - 百度快照 - 评价

裂变式创业 （豆瓣）

―――

图书裂变式创业 介绍、书评、论坛及推荐... 宗毅独创裂变式创业,用人民币投票选总经理,规定自己不投钱不...作者该是把互联网营销思维全部都用上了,字里行间都是营...

book.douban.com/subjec... - 百度快照 - 89%好评

"裂变"式发展模式 中国企业报道

―――

2012 年 6 月 27 日 - "裂变"式发展是指企业发展到一定阶段,并在规模、技术、生产、装备、资金、品牌、管理、赢利能力和企业文化等核心竞争力的各要素具备以后,根据自己所...

www.ceccen.com/html/20... - 百度快照 - 评价

裂变式创业_百度百科

―――

宗毅独创裂变式创业,用人民币投票选总经理,规定自己不投钱不能参与竞选;不相信...用互联网思维武装传统企业 // 产品型社群:芬尼粉丝走天下 // 不需要隐瞒的私心...
内容简介作者简介目录

baike.baidu.com/

::热泵市场::裂变思维, 又来了!

2014 年 9 月 4 日 - 据悉,芬尼克兹此次裂变式创业大赛不同于以往历届,本届比赛的事业部主要...市场分析、营销模式、互联网思维、财务分析等方面来阐述团队项目的可行性。...

www.rbsq.cn/newsvi...a... - 百度快照 - 评价

【实践】贵州卫视:融合思维下的裂变式传播

2015 年 3 月 15 日 -【实践】贵州卫视:融合思维下的裂变式传播 2015-03-15 求全 欢迎点击上方的"求全"关注我们! 2014 年是中国传媒行业的转折之年,随着打造新型传播集团战...

www.iliuye.com/Wap/Ind... - 百度快照 - 评价

宗毅:"裂变式创业"背后的玄机 财经频道 东方财... 东方财富网

2015 年 4 月 17 日 - 宗毅把这套制度体系称为"裂变式创业"。依靠这套体系,他把员工变成股东,先后创立了七家裂变创业公司,还将罗辑思维创始人罗振宇称为"传统产业转型最...

finance.eastmoney.com/... - 百度快照 - 83%好评

相关搜索

思维裂变时代	裂变式创业	裂变式创业 pdf
宗毅裂变式创业	裂变式传播	裂变式创业 mobi
裂变式创业 电子书	核裂变公式	裂变式营销

1 2 3 4 5 6 7 8 9 10 下一页 >

当今中国网络高度发达，但现代科学思维方法中如此重要的思维方法，其词条居然没有出现在我们的网络上，真是不可思议！

我后来知道，网络上的词条是由词条的创建者向互联网公司提交的，网络公司经过严格审查，合格后方能上网。网络上搜索不到"裂变式思维"的词条，只能说明：1. 中国懂得裂变式思维的人少；2. 需要应用这一思维方法的人亦少；3. 做网络的人也不懂得裂变式思维的重要性和社会需要，因此未予考虑这一词条。

颇具反讽意味的是，网络本身是人类使用裂变式思维的结果，而实际运营网络的人并不知道裂变式思维。这种情形和中国人自小诵读晏子使楚的课文，却不懂得三段式演绎法别无二致。

更有意思的是，网络上虽然搜索不到裂变式思维的词条，但在搜索出来的五花八门的相关信息中，却有两篇批评裂变式思维的博客文章。阅读这两篇文章，可以看到两点：其一，作者懂得一点裂变式思维；其二，作者对裂变式思维持批评态度。

下面是题为《裂变思维缺陷》的文章：

一、近代科学是以西方裂变型文化为背景，在裂变思维主导下发展起来的，实验科学强调通过局部实验分析认识整体，本身带有还原论与循环论特点，仍然是裂变思维派生物。至今几乎所有科学理论都是裂变思维型的。甚至聚变效应发现的表述以及聚变科学研究至今仍然是裂变思维主导的。

二、小本位点性思维、线形思维、环性思维、面性思维、体性思维，都强调个体、要素、单元、部分的主导和决定作用。

三、单一学科、单一理论、单一方法、单一向度、单一标准、单一可能、单一解释、单一表述等先天局限性。

四、自思、自验、自证、自洽、自定、自是、自为、自足、自美、自以为是……是小学科习惯思维。

五、以点代面，以偏概全，以斑为豹，以木为林，以此为彼，以特为常，以小为大，以今为古的科学习惯思维。

六、小看大、小推大、小知大、小成大、小定大、小代大、小即大的哲学习惯思维。

七、以小推大推导出的整体效应，只是一种理论放大效应与质量扩散效应，因此得出的整体图景往往模糊甚至错误。

八、科学理论符号化、象征化、形式化、神秘化、虚拟化，导致理论科学发展停滞。

九、千军万马钻牛角，越钻越深，越深越专，越专越尖，越尖越前，越前越高，越高越好，越好越不知道，最后连本专业同行也看不懂了。

这些就是现代科学本身的局限性，只有科学革命才能克服。近年来科学界展开系统工程、大科学思维、非线性科学、复杂性研究等，就是科学革命的前奏，一场以科学方法论改革为主的科学大革命正在到来。

另一篇博客文章名为《裂变聚变思维》，摘要如下：

"五四"以来，许多中国学者对中西文化做了初步比较分析研究，提出许多大同小异的观点，这里不能也不必尽述，但是可以高度概括如下：

一、中国文化是合的文化，西方文化是分的文化；

二、中国文化是纵的文化，西方文化是横的文化；

三、中国文化是质的文化，西方文化是量的文化；

四、中国文化是德的文化，西方文化是力的文化；

五、中国文化是引力文化，西方文化是斥力文化；

六、中国文化是升华文化，西方文化是扩张文化；

七、中国文化是连续文化，西方文化是断裂文化；

八、中国文化是柔性文化，西方文化是刚性文化；

九、中国文化是水性文化，西方文化是火性文化；

十、中国文化是吃苦文化，西方文化是享乐文化。

这种概括虽然比较直观朴素和简单粗疏，但大体不错。可作为进一步深入讨论的基础。

哲学是文化的升华与核心，而哲学的基础与核心实质就是思维方式方法，因此我们做中西文化比较研究，最终应该上升到哲学层次，分析中西思维方式方法的不同。而要这样做，最好以现代科学成果为基础。众所周知，20世纪最大的科学成就实际上就是发现裂变效应和聚变效应，裂变效应与聚变效应上升为裂变思维与聚变思维完全顺理成章。既然裂变思维与聚变思维可以成立，那么裂变哲学与聚变哲学理所当然也可以成立，这样，就产生了一个两变哲学的简单理论框架：

一、以大看小与以小看大；

二、聚变效应与裂变效应；

三、聚变思维与裂变思维；

四、聚变哲学与裂变哲学；

五、聚变史观与裂变史观；

六、聚变文化与裂变文化；

七、聚变科学与裂变科学；

八、聚变技术与裂变技术；

九、聚变方法与裂变方法；

十、聚变模式与裂变模式！

据此可以作出基本结论：西方文化是裂变思维主导的文化，而中国文化则是聚变思维主导的文化，这正是中国文化的本质特点与优点所在。

这两篇文章对裂变思维在西方的地位、评价异乎寻常。裂变思维在高等数学中起到了极大的推动作用，怎么就变成了西方思维的主导？

思维方法本身是思维工具。方法和工具一样，每一种都有它的适用功能，各有各的用途。每一种又都有局限性，就像没有永动机，也没有万能工具。我们只能根据功能来发挥各自的长处，根据面临的具体情况选择思维方法。如果某种思维方法有什么缺陷，我们在使用的时候注意避免就是了，不能因为它有缺陷就不学习，甚至弃之不理。

因为意识形态之故而放弃对西方现代思维方法的学习，绝非实事求是的态度，毕竟科学思维方法是超越阶级、超越社会制度、超越意识形态而存在的，科学成就可以为各个阶级、各种社会制度服务。既然人人可用，我们为什么要放弃？即便裂变式思维有许多缺陷，也可以反面文章正面做。

裂变式思维方法检验出国人方法水平的不足。诚然，我们可以原谅管理部门不懂得裂变式思维方法，因为过去学校不教方法，导致人们不懂得何谓方法；但是，我们不能原谅学校教育现在乃至以后仍然不教方法。

第十章

共享经济的领军和跟班

Uber 让我陷入了沉思

2015 年 8 月的一天，一位朋友接我去吃饭，很快，一辆豪华轿车停在我们面前。我坐上汽车，感到奇怪：这辆出租车为什么没有标识？

朋友说，这是来自美国的新兴租车公司 Uber。社会上各种空闲的汽车都可以加入，从电脑上下载一个软件，就可以参加运营了。智能手机就是联系平台，连面都不见，需要的时候就用手机联系，输入一个地址，附近的 Uber 车就来了，比出租车快。他说现在上下班、外出都是坐 Uber，方便得很。让空闲车辆动起来，物尽其用，多方受益。

朋友说，Uber 已经出现一两年了，现在大城市到处都是 Uber，还有滴滴，都没有挂牌。需要出行的话，直接用手机联系就是了。

我恍然大悟：美国人把社会上多余的车以及每辆车的空闲时间都利用起来了，这不就是统筹法吗？我应该把这件事加到我正在写的《思维方法库》一书中去，作为运用统筹法的一个生动案例。

不久，华西都市报原广告部主任廖文利来访。她后来担任过都市报经营副总编辑、公司总经理，现在是上海一家外企的 CEO。我跟她说起 Uber，她一点儿也不觉得新鲜，他们公司现在就在搞类似 Uber 的共享经济培训，她刚刚带领一支团队去旧金山硅谷接受培训，邀请这方面的专家讲课，国内很多人参加了这次培训。这是一个新的潮流，名字就叫"共享经济"。他们公司培训的不只有共享出租车，还有共享多余的房屋。现在拥有两三套房屋的人多的是，空置房屋也很多，都可以参与到共享经济中来。其他社会资源也可以共享，只要是多余的，都可以考虑共享经济的思路。

廖文利的介绍更将我引入一个全新的世界，共享经济成了我面临的新课题。上网一搜，信息铺天盖地，我看得眼花缭乱：Uber（优步）覆盖全球 55 个国家；新浪网举办主题为"商业大变革中寻找未来"的对话，一致认为"共享经济：中国具备后发优势"……

我原以为优步老总就是共享经济的创始人。2015 年 12 月 13 日，央视财经频道做了一期关于共享经济的对话节目，请来了共享经济的鼻祖罗宾·蔡斯，我这才知道，第一个搞共享经济模式的是美国人罗宾·蔡斯女士。

央视这期节目让我对共享经济有了深入了解。共享经济可应用于各个领域，小到衣物，大到挖掘机、机床设备，再到人的时间、技能，似乎一切都可以共享。每个人剩余的技能、剩余的产能都可以借助于一个公共平台进行分享。蔡斯在对话中描绘了一种新的时代精神：过剩产能＋共享平台＋人人参与，形成崭新的"人人共享"模式，把组织优势（规模与资源）与个人优势（本地化、专业化和定制化）相结合，从而在无须增加生产资料的同时创造出更多效益。共享经济对于绿色物流有着十分重要的意义，其本质是对已有资源的使用做一次重新分配，将"使用权"从"产权"中解放出来。

如今，一场前所未有的共享经济的产业革命浪潮正在中国兴起，人人都在思考如何搭上共享经济这趟快车。

罗宾·蔡斯是怎么创造出共享经济模式的?

很长一段时间我都在想：中国人自己为什么创造不出共享经济的模式呢？优步把那些闲置的车辆都网罗到它的名下，它赚了中国人多少钱？

其实，共享经济模式就是中国数学家华罗庚的统筹法，无非是将统筹法运用到家家户户的汽车、房屋等生活资料上，只不过加了一个互联网。从统筹法到共享经济模式，最多走了半步，中国人怎么就没有走出这半步呢？

为了研究共享经济，我专门买了罗宾·蔡斯写的《共享经济》一书。阅读的过程中，一条笛卡尔方法论的思维认识路线清晰地呈现在我面前。

罗宾·蔡斯的父亲是一位外交官，很多年里，全家人不得不随着父亲工作的变动而搬迁。大学毕业后，罗宾·蔡斯进入麻省理工学院斯隆商学院攻读 MBA。再后来，她成为三个孩子的母亲，整日为工作、家务和孩子操劳。"我需要找到一种最快速、便捷的交通方式，来让我和三个孩子在幼儿园、公司、超市和公园之间来回穿梭。"这是她研究共享经济的动机和初衷。

罗宾·蔡斯在《共享经济》中写道：

> 1999 年 9 月的一天，丹尼尔森和我在离孩子幼儿园几条街的 Rsacafe 里喝咖啡，一边等着孩子，一边聊丹尼尔森最近去德国度假的事。丹尼尔森在柏林的一个咖啡馆里，看见街道对面停着一辆可供他人分享的汽车。后来她发现，这辆车可供人们以小时或天为单位租赁。这件事后来一直在她的脑海里萦绕。她问我："这种方式在坎布里奇市是否可行？"

灵感的爆发就在提出这个问题的瞬间。罗宾·蔡斯继续写道：

> 我是和她讨论了这个问题的最佳人选——正确的时间、正确的地点和正确的人。那时，我刚刚参加完麻省理工学院的一场校友聚会，了解到诸多同学的创业故事和成功经验，都是一个业务加上互联网，很快获得成功。

罗宾·蔡斯马上就想到了使用"互联网 +"的思维方法，并提出了一个解决方案——创建一家汽车共享租赁公司。

> 我自己就是最需要汽车共享的目标人群。我的丈夫每天早上开车去位于郊区的办公室，然后将车停在停车场里闲置

一整天。虽然我有时的的确确需要一辆车，但却找不到说服自己买车的理由。因为买车之后，停放、清洗和保养都是问题。我不想每天总要记着还有洗车的任务没有完成，也不想每天早上7点总是受到拖车司机的警告然后跑出去挪车。对于那些和我一样不需要开车去工作的人来说，拥有一辆车的成本比车带来的益处要大得多。在某些无奈的情况下，我偶尔会向邻居借车。但是，经常借车的行为会让我感觉自己像一个乞讨者。因此，我太需要一个可以随时随地租赁的共享汽车公司。

罗宾·蔡斯和丹尼尔森商量之后，决定给公司取名"Zipcar"。

罗宾·蔡斯的叙述，揭示了她思考创立共享汽车公司的几个思维元素：

第一，朋友丹尼尔森说在柏林街道上看见供他人租用的汽车。对此，她们提出一个问题："这种方式在她们所在的坎布里奇市是否可行？"这促使她的思维进入笛卡尔方法论中"提出问题"的环节。

第二，基于她本人的需求和市场需求，她看到了共享经济所具有的广阔的市场前景，这是她创建共享经济模式的主要动力。

第三，她使用"互联网+"的方法提出了共享经济模式的解决方案。

世界上第一个共享经济企业 Zipcar 就在罗宾·蔡斯和丹尼尔森两位母亲的酝酿策划下，于1999年底诞生并快速发展起来，风靡一时。

可是，罗宾·蔡斯并不满足于只是共享经济的实践者，通过两年

Zipcar 的实验和观察，她完成了对共享经济模式从实践到理论的探索。她决定写一本书，讲一讲这种商业模式的学问和规律。她总结了几十个共享经济模式的公理和定律，形成了一套完整的共享经济的理论。

《共享经济》一书在世界范围内产生了巨大影响，无数人参与到共享经济的潮流之中，优步便是其中之一。

罗宾·蔡斯之所以能够成为共享经济的创始人和领军人物，原因在于她具有方法论的思维素质，碰到现实问题触发灵感之后，马上沿着笛卡尔方法论三步曲的思维路线走到终点，最后建立起共享经济的科学理论。她后来索性辞去 Zipcar CEO 的职务，专门从事这方面的研究。她在美国商务部长的国家创新和创业委员会、美国交通部的智能交通系统咨询委员会、经济合作与发展组织的国际交通论坛委员会任职。鉴于她对人类社会所做的贡献，她被评为《时代周刊》"全球最具影响力的 100 人"，她还入选了《商业周刊》"年度 10 大设计师"和《快公司》"年度 50 位最具创新精神的人物"。

中国具备产生共享经济模式的条件

罗宾·蔡斯的故事给了我很大启发。当今中国本来已经具备产生共享经济模式的四个条件，但为什么没有总结创造出共享经济的模式和学问呢？这值得我们认真反省。

中国具备产生共享经济模式的四个条件是：

（一）中国可以共享的社会剩余资源很多，可以说超过其他任何国家。因为中国很大程度上实行的是公有制经济，物质资源极其分散，统筹运用的效率偏低。共享经济的一个重要客观条件是产能过剩。中国经济经过几十年的高速发展，不仅造成了大量的产能过剩，还有大量的资源过剩，已经成为严重的社会问题。

（二）中国拥有高度发达和普及的互联网络，手机用户超过10亿人，共享经济需要的平台和基础条件早已成熟。

（三）中国还有一个更有利的条件，那就是数学家华罗庚早在20世纪50年代就积极推广统筹法，统筹法非常接近共享经济思维。遗憾的是，长期以来我们基本上是将统筹法运用在一个企业、一个机构或一个系统，至多也就是地方政府在其管辖的范围内做统筹应用。这是我们的自我束缚，华罗庚的《统筹方法平话》一书中并未做这样的限制。

（四）在有关共享经济的对话、讨论及报道中，经常提到共享经济包含许多共产主义元素。中国是社会主义国家，制度本身就包含了共产主义元素，这也是我们具有创造共享经济的制度优势。

一个美国妈妈 PK 了多少中国人

本来已经具备产生共享经济的条件，但中国人却没能创造出共享经济模式，更遑论创造共享经济的科学理论，究其原因，还是在于中国人对笛卡尔方法论认识不足。

让我们来看看我们是怎样错过这个难得的天赐良机的：

（一）面对丰富的产能过剩，不知如何应对。比如汽车，大小城市都有大量的非法出租车，俗称"黑的"。这一现象由来已久，早在

20 世纪 80 年代就有了。"黑的"成为政府管理部门的打击对象。有的"黑的"还形成了小组织，这可以看作共享经济的萌芽。但是，权力精英们没有认识到这就是生产力，反而当成阻碍生产力的因素采取限制措施。多余汽车的问题如何解决，政府机构多次研究过，因为没有科学的思维方法，只是沿用过去扫除资本主义尾巴的办法，简单行事，时不时打击一下。虽然屡屡出手，仍然屡禁不止。他们哪里知道，他们想要扫除的，正是社会主义社会的共享元素。那么多人找不到工作，就没有更好的办法可用吗？最终是美国人想出了办法。通过共享思维，Uber 在中国获得了巨额财富。

（二）网络平台的运用各自为政。因为人口众多，市场潜力巨大，中国的网络平台发展迅猛，但是，很快就形成行业管理部门画地为牢的局面。移动、电信、互联网三网统一，这是市场的呼声，可是，喊了很多年，至今还是各自为政。

（三）统筹工作不到位。今年修明年拆、后年又修的事情屡见不鲜，都是缺乏统筹规划造成的，许多产能过剩的结果也是这个原因造成的。

（四）不少人只想得到和享受社会主义的好处，却不想参加实现共产主义的建设。

（五）罗宾·蔡斯听到私人汽车可以分享的新闻就产生了共享经济模式的思考，因为她的大脑里有笛卡尔方法论。中国"黑的"出现的时间比罗宾·蔡斯第一次听朋友讲述私车分享的时间要早得多。见过"黑的"、坐过"黑的"，甚至研究过打击"黑的"的人，加起来不下几十万。美国一位三个孩子的妈妈就把我们这几十万人全部 PK

掉了。这几十万人中可能有学哲学的、学经济学的，但都没有进行深入思考和研究，大多无动于衷，最终导致在共享经济面前，我们只能跟在别人后面做跟班。领军与跟班，这就是中国人与美国人的现实差距。

方法论的思维水平决定了谁是领军谁是跟班。要改变这个角色定位，得从学习方法论开始。不是学习共享经济的学问，而是学习产生共享经济学问的学问。

第十一章

方法教育是培养创新能力的必由之路

现在，我们回到本书开头提出的问题，中国为什么多年拿不到诺贝尔科学奖。

北大、清华何以无缘诺贝尔奖？

中国离诺贝尔科学奖最近的地方，当然首推北大、清华。因为北大、清华是中国学府的高地，不仅集中了众多知名教授，而且将国内的高考状元和尖子学生悉数收在麾下，人才资源居全国之首。尽管如此，北大、清华依然与诺贝尔科学奖无缘，原因何在？

其实，这个问题早就作为一个公开试题，一直考问着北大、清华的校长、老师和学生们。他们思考了很多年，也采取了各种各样的措施，但一直没有找到问题的症结。

当然，这个问题同样考问着中国的教育机构和教育改革的领导者和参与者。因为探究中国为什么拿不到诺贝尔科学奖，首先应该研究北大、清华的育人机制。

这个问题也吸引了众多普通人，民间涌现出不少答题爱好者，在网络上热烈讨论问题的答案，但始终没有一个公认的答案。

毋庸置疑，北大、清华的教学质量全国领先，从这两所学校毕业的学生，工作表现大都优秀，为什么无人问鼎科学技术的高峰呢？

这个事实清楚地表明：学霸们学到了不少知识，却没有学到创新能力，学校设置的知识结构中缺少了一项重要的东西，那就是能够培养创新能力的思维科学。

类似的情况不胜枚举。比如电视台喜欢举办各类竞赛，不少选手在竞赛中拿了奖，可工作成绩平平。有文章说，中国的高考状元中有大作为者不多。还有人说，中国的学生在国际奥赛中经常拔得头筹，怎么在诺贝尔科学奖的行列里就了无踪影呢？一位获得过奥赛奖牌的选手参加了这一讨论，他以自己为例，说他后来发现自己并不适合做研究，就逐渐转行了。

缺乏思维科学的教育，不能培养学生的创新能力，北大、清华尚且如此，其他学校更可想而知。

"清风老草的博客"给出的答案

在新浪博客中，署名"清风老草的博客"发表了一篇题为《学笛卡尔方法论有感》的文章。文章说："人都想有所作为，都望子成龙，但实际情况往往与期望相去甚远。为什么？原因很多，其中最为重要、最为常见、最不被人所认识的原因，是没有掌握真正的方法论。""真正懂得方法论的人少之又少，对这个问题的衡量标准很简单，即是否真正掌握了笛卡尔的方法论。""只有掌握了笛卡尔的方法论，认识才有了根基，才有了载体，否则，始终不能避免被流散的结局。"

"清风老草的博客"的这几句话触到了中国拿不到诺贝尔奖的病根：懂得笛卡尔方法论的人少之又少。何以至此？因为我们的学校基本不教笛卡尔方法论。这也是当今中国第一难题的标准答案。而且作者还特别强调了一下，说这是"最不被人所认识的原因"。正因如此，我们的教育改革一直没有走上方法论教育的正确轨道。

笛卡尔方法论是西方科学家创建一门又一门科学的钥匙。中国的学生在走出校门之时，收获的知识不可谓不丰富，可是他们没能带上一把打开科学大门的钥匙。

看看当今中国重点大学的校园，许多比世界名牌大学的校园都要漂亮。我曾去过一所占地5000亩的大学校园，汽车进去后在里面开了半天，怎么也找不到出口。中国每年颁发的博士文凭数量远超美国，却总是出不了获得诺贝尔奖的人才。那些花园大学虽然也有花样翻新的教学活动，却少了运用笛卡尔方法论钻研学问的氛围。

我们在前文提到艾伦·考尔斯教授在《现代思维的诞生》之《牛顿的发现和发现牛顿》的讲座中说："牛顿所在的三一学院，深受笛卡尔主义的影响。年轻的牛顿在那里……受到笛卡尔学说的启蒙。"试问：现在中国有哪些大学"深受笛卡尔主义的影响"？有多少学生在大学里受到了笛卡尔学说的启蒙？

中国教育改革完全忽视思维方法的教育，这是方向性的问题。要普遍提高中国人的创新能力，只有一条路，就是在学校里把思维方法教育放在比知识教育更重要的地位。

网民提出：为什么中国学校不教逻辑学？

其实，对于我们的学校不教科学思维方法，网络上的网民早有议论。

我在网上的一个论坛里看到一篇文章，标题是《逻辑课竟然被中国教育无视数十年？！太不应该！》，发表时间为 2018 年 5 月 31 日。我没有查到作者的名字，但非常认同文章的观点，感觉作者就是与逻辑学专业相关的人士。在此，恕我不恭，将文章的主要段落抄录如下，与读者共享——

> 逻辑是一种基础工具，教人如何正确地思考和表达。科学研究对逻辑的倚重自不必说，人生随时随地之言与行，都离不开逻辑。说话没逻辑，不能有效表达自己的想法；做事没逻辑，无法解决真正的问题。世界上很多国家在大、中学阶段，将逻辑作为必修的通识教育课。但在中国，作为通识教育的逻辑课，已经缺席了数十年之久。
>
> 20 世纪初，传统逻辑传入中国后，教育界将逻辑学纳入了正规课程之中。
>
> 晚清民国，大、中学校多开设有逻辑必修课，很重视普及逻辑常识。

1902 年，清廷颁布《钦定京师大学堂章程》，规定"政科"三年须开设逻辑课（名学），每周两学时。1904 年的《奏定高等学堂章程》，将逻辑课（辨学大意）列为"经学科""文学科""商科"的必修课；《奏定优级师范学堂章程》则把逻辑学列为公共课程，共一学年，每周 3 学时。民国后，逻辑学成为很多大学、高等师范学校乃至中学的必修或通习课目。

五六十年代，大、中学校的逻辑教学两次遭受重创。"十年动乱"中，逻辑学再遭重创。据社科院哲学所副所长倪鼎夫回忆："逻辑科学是重灾区之一。逻辑研究机构和大学的逻辑教研室（组）被撤销了，学校里逻辑课取消了，专业队伍解散了。'四人帮'还把逻辑工作者看作专政对象，给有研究成果的老专家扣上'反动权威'的帽子，强迫他们去打扫厕所……"

70 年代末，逻辑课开始在大、中学校复苏。1978 年，第一次全国逻辑学讨论会召开。1979 年，中国逻辑学会成立。1981 年，教育学家张志公撰文，呼吁"中学生应该学点逻辑"。但鉴于教材、师资匮乏的现实，张志公建议："在中学普遍开设逻辑课显然是不可能的……由语文学科明确地把逻辑训练和简要的逻辑知识的教学任务承担起来，是可取的。"

类似的呼吁很多，也有一些效果。如高中语文课本曾一度增加了一些与语言运用、思维表达相关的逻辑基础知识。但 1988 年，中学语文教材再次删除了有关逻辑学的教学内容，一些"专家学者"进而又提议取消师范院校课程中的逻辑学。进入 90 年代，情况变得更为不堪。在很多大学，逻辑从必修课变成了可有可无的选修课——最典型者，莫过于从 1998 年起，根据国家教委颁布的文件，逻辑被从汉语言文学专业（师范类）的专业基础课程踢了出去。这种状况，时至今日也未见改观。

逻辑课在大、中学校的这种命运，背后的原因是多重的，高校市场化仅是其中之一。正如曾昭式所总结的那样："目前，许多学校的逻辑课被取消，或者逻辑的课时被压缩。这既有一些高校领导的责任，也与一些高校没有逻辑教师有关，甚至政府有关部门也不支持逻辑的教学与普及。"

作为通识教育的普通逻辑课缺席数十年，实在是不应该的事情。这种缺席也必然造成严重的负面影响，使社会呈现出一种思维上的病态。诉诸情感、诉诸传统、诉诸暴力……等背离逻辑的交流方式，在社交媒体上随处可见。很多公共话题的讨论，因参与者缺乏基本逻辑常识，常沦为无意义的互撕口水战，乃至发展成"用 U 型锁说话"。

这篇文章引起了网民的广泛热议，讨论一直在持续。虽然有人在里面冷嘲热讽，但总的基调是好的，是为国分忧，为中国的教育出谋划策。

逻辑学源于公元前 3 世纪亚里士多德的《工具论》，也就是我前面讲的演绎法。三段式的演绎逻辑是人类最伟大的方法智慧。中国人不懂得演绎法，不懂得笛卡尔方法论，因而与科学技术大革命失之交臂。

不懂逻辑学带来的弊端很多，我就眼见一位官员为了坚持他的错误主张，采用偷换概念的诡辩术，驳斥对方维护党的政策的意见。意识根源是他的错误的世界观，思维根源则是不懂得逻辑思维。

为什么从小就要学习逻辑学和演绎法，因为从小就要打好科学思维的根基。西方人连读小说都在学习逻辑推理，我们的孩子怎么在学校都学习不到逻辑思维呢？

忽视方法教育铸成方向性错误

我们的教育培养不出获得诺贝尔科学奖的人才，最根本的原因就是只重视传授知识，忽视方法智慧的教育，没有培养学生的创新能力。而创新能力的培养，就在于训练"建立科学的科学"的笛卡尔方法论的基本功。

我们的教育总认为给学生灌输的知识越多越好，学生的大量时间耗费在知识的学习上，学生的负担太重，多少年来这种情况一直没有得到改善。结果是学生的能力水平并没有多大提高，反而是"眼镜"越来越多，身体越来越差。

西方哲学家说得好：牛顿告诉我们的，不只是万有引力的科学知识，更重要的是认识世界的方法。西方哲学家总结出的这句经典名言，说明西方学校教导学生的不只是科学知识，更有创造这些知识的方法。西方教育学生不仅要知其然，还要知其所以然。而我们只管灌输知识的教育，不管寻找和创造知识这个"建立科学的科学"的教育，学生的创新能力自然不如人家。

方法是知识的皇后，方法论是创新的统帅。只教知识，无论多么重要的知识，都教不出创造性。而笛卡尔方法论却能培养出学生源源不断的创造力。要普遍提高中国人的创新能力，除了认真学习笛卡尔方法论，别无他法。

不教笛卡尔方法论，或许是中国教育最大的失误。所谓西方的科学技术大革命，其实就是建立了一门又一门的自然科学，而那一门又一门的自然科学和一个又一个的诺贝尔科学奖，全都是使用"建立科学的科学"——笛卡尔方法论建立起来的。既然我们也想力争拿诺贝尔科学奖，那为什么不认真学习笛卡尔方法论呢？这不等于舍本逐末吗？

中国多少年的教育改革为什么不成功？一个重要原因，就是大多搞教育改革的人都不曾学过笛卡尔方法论。他们既不懂得西方科学技术大革命发生的思维原动力，也不懂得诺贝尔奖的科学成果是怎么得来的。因此在教育改革的指导思想上，始终抓不住创新能力来自笛卡尔方法论这个核心。过去几次教育改革，用中医的话来说，都是没有把准脉，病根没有找准，下的处方自然不对症。许多形式主义的考核方法更是将改革引向追名逐利的路途，所以总是没有什么效果。

每个学生都要建设一个现代化的思维方法库

教育改革的正确方向，应该是在对学生进行基础知识教育的基础上，倾尽全力训练学生的思维加工能力。一个学生思维加工能力的强弱，不是取决于他掌握了多少知识，而是取决于他掌握了多少方法和方法论。

中国的教育改革必须从以知识教育为中心，转轨到以方法教育为中心；以方法教育统率知识教育。学校应该提出一个响亮的口号：为每个学生建设和打造一个现代化的思维方法库。

科学的思维方法对于一个人来说，就是他思维加工中必须使用的工具。就像农民需要农具才能耕种土地，工人需要车钳铆焊车床才能加工器械，战士需要武器才能打仗。一个农民如果有拖拉机耕地，有播种机播种，有收割机收粮食，他就可以耕种几百亩甚至几千亩土地。一支部队有多少现代化武器，就决定了它能够打多大的仗。同样，一个人的脑子里装了多少思维方法，方法的层次有多高，结构合不合理，有没有笛卡尔方法论，就决定了他的思维加工能力有多强。如果一个学生在学校没有学到任何思维方法，他的思维方法库里没有一个思维方法，那么，他的思维加工能力就等于0。

在西方的科学技术大革命中，科学家们不仅创造了一门又一门科学技术，也总结归纳出一个又一个科学思维方法。这些在人类科学发展史上屡建奇功的方法和方法论，自然都应该成为我们的学生学习掌握的方法和方法论。

中国科学技术的长期落后，从根本上来说是思维方法的落后。中国人的思维方法库里多的是经验思维、利益思维、垃圾思维。要改变这种状况，必须努力学习现代科学思维方法，人人建立一个现代化的思维方法库。

现代化思维方法库的结构分为两部分：一是科学家们总结创造的在各个领域普遍适用的哲学方法，比如演绎法、归纳法、分析法、综合法、数量变化规律、系统方法、比较方法、模型方法、博弈方法等；二是笛卡尔方法论。

前面反复强调学习掌握笛卡尔方法论，为什么这里又要学习各种各样的普适法呢？原因有两个：一是笛卡尔方法论在思维运行的过程中，不同领域有可能出现各种各样的情况，就可能涉及各种各样的思维方法。如果你的思维方法库中方法品种多，选择面宽，用起来就方便自如。二是运用笛卡尔方法论往往是在面对重大的情况时。很多时候遇到的都是一些简单的情况，只需要一两个方法就能解决，不需要运用笛卡尔方法论体系中那么多的方法构成的方法链。如果这时候你没有方法，就会束手无策。

思维方法库的建设应当是人生的第一建设，必须按照爱因斯坦的要求，在学生时代就如期完成。学生走上工作岗位以后，时时处处都在检验其思维方法库的加工能力。一个人如果时时处处都拿不出新的解决方案，束手无策，不仅无所作为，而且无异于自我淘汰。

教育改革完全忽视方法教育，这就是方向性的错误。

要普遍提高中国人的创新能力，只有一条路，就是学校教育普及笛卡尔方法论，把思维方法教育放在比知识教育更重要的地位。

第十二章

方法论开创中国报业的黄金时代

在这里，我想说一说我自己建设思维方法库的体会。

我于 1962 年考进四川大学数学系。虽然中国的学校都没有开设方法论的课程，可是，我所学的高等数学却是思维方法最多、最集中的学科，笛卡尔方法论就是哲学家笛卡尔从数学中总结出来的。所以，我在学习高等数学的过程中，自然而然就学到了各种各样的方法，包括笛卡尔方法论，从而形成了一个丰富多彩的思维方法库。

大学毕业后，我鬼使神差进入新闻界。开始以为自己没有学过新闻，肯定比那些文科的学生差，所以非常用功。可是我渐渐地发现自己具有文科毕业生不具备的优势，这个优势就是我的思维方法比他们的多。

模型法推动中国旅游体制改革新潮流

1999 年底，四川雅安推出来一个新景区——碧峰峡。景区开业新闻发布会之后，接着就是元旦和春节两个旅游旺季。三次旅游宣传热潮，四川日报、华西都市报、成都商报、成都晚报，以及中央媒体和省市媒体，所做的报道几乎都是碧峰峡景点如何好看、夜间动物园特别吸引小孩等。

两个多月之后的 2000 年 2 月 22 日，碧峰峡举行棋圣聂卫平一人对 150 人的多面单打围棋车轮大战。我作为主办单位之一华西都市报的总编辑，出面接待棋圣聂卫平，头天下午就赶到碧峰峡。吃晚饭的时候，碧峰峡老总谈起他们作为一个企业投资旅游景点的经营，受到许多的责难和阻挠，困难重重，他们和当地政府千方百计排除种种干扰，好不容易才获得成功。我从他们的闲谈之中，发现他们创造的是一种资本与旅游资源合作开发的新模式。想起中央提出的西部大开发，觉得这是一种可以推广的旅游投资体制改革的新事物。

我马上改变了工作计划，当晚决定《华西都市报》对碧峰峡模式做大型系列报道，先推出三篇通讯，题目分别为《碧峰峡模式》《碧峰峡精神》《碧峰峡冲击波》，每篇 5000 字左右，在《华西都市报》头版头条位置重头推出，同时配发三篇评论员文章：《敢为天下先》《当官要当这样的官》《政策要为大跨越服务》。第二天上午，3 人组成的报道组进入碧峰峡。

碧峰峡模式的系列报道产生了巨大影响：四川省政府将碧峰峡作为西部大开发的典型；国家旅游局把当年的旅交会改在四川举行；全国形成学习碧峰峡旅游体制改革新潮流；国务院总理朱镕基视察碧峰峡；30 多位国家领导人、100 多位省部委领导先后视察参观碧峰峡；全国各地的媒体纷纷聚焦碧峰峡。

以往大多是党和政府树立典型，媒体跟进宣传报道。这一次则是传媒宣传报道形成典型，党和政府给予肯定。华西都市报何以走到了所有媒体的前面？原因在于模型化思维方法起了作用。

其实在我去碧峰峡之前，四川包括一些中央新闻单位的记者都先后采访过那里，为什么没有抓出引导改革开放新潮流的主旋律报道？非不为也，实不能也。那些记者们都没有学过模型思维方法，因而面对旅游体制改革新模式无动于衷。

模型化思维方法一般不大被使用，因为很少碰到模型的事情，我在此之前没有使用过，之后也没有使用过。过去学过各种各样的数学模型，其中就包括模型化思维方法。当碧峰峡的真实情况摆在眼前时，模型化方法一下子就从脑海里冒了出来。

不拘一格施裂变

在日常工作中，我用得比较多的方法是裂变法。

1994 年 5 月，为了寻找华西都市报发展的新思路，我走访了全国 20 多家晚报。这一天来到扬子晚报社，周总编向我介绍了他们的经验，其中一条是在晚报上嫁接机关报的优势。周总编之前是办党报的，他把党报受读者欢迎的内容嫁接了过来。这一做法在当时的业界被传为佳话，成为新型都市晚报的一条重要经验，各路老总听了都点头称是。可是，一些老总回去之后，也只是照葫芦画瓢而已。

我一边听着周总编的嫁接说，一边脑子里就跳出了裂变式思维：你既然可以嫁接机关报的优势，我为什么不可以嫁接其他各种各样畅销报刊的优势？把一个又一个的优势都嫁接起来，形成畅销内容的规模效应，岂不是更受市场欢迎？！

一语惊醒梦中人！周总编的"嫁接说"触动了我的裂变式思维，一下子成了我创造性设计都市报产品的破题之道：华西都市报要敞开胸怀，以最大的包容性嫁接各类畅销报刊的优势。不仅要嫁接机关报和晚报的优势，也要嫁接其他报刊的优势，特别是各类市场畅销报刊的优势。我就要用这种方法，去构建都市报的版面结构。

什么内容受读者欢迎，都市报就办同样的栏目，写同类的报道。这样，各种畅销报的优势都聚合在一起，就组成一个又一个畅销版面群，满足了一个又一个读者群的需要。若干读者群再重叠组合，就形成了一个庞大的读者群。

中国记协国内部主任阮光荣，在华西都市报创刊一年多就发现华西都市报快速成长的秘诀，为了向全国新闻界推荐，他专门写了一篇介绍华西都市报嫁接各种报刊优势的文章，标题就是：《汇各报的精华，创自己的新路》。

2000 年 12 月的一天，金川县委书记潘玉成带着四大班子走进我的办公室。他说，他们想效仿碧峰峡模式，把金川县的嘎达山景区的开发经营权转让出去，招商引资，打造自己的"碧峰峡"。金川嘎达山旅游景区是古东女国和青藏高原上最古老的原始宗教苯波教圣地，我们不能再让嘎达山继续沉睡下去。潘书记十分诚恳地说："请您帮助金川县寻找一家愿意投资开发的企业，如果景区真'卖'出去了，给《华西都市报》30%的股份。"

潘书记的设想给我很大的触动。我想，四川是一个旅游资源丰富的大省，出让旅游景区开发经营权是一个很大的市场需求。我的裂变式思维一下又冒出来了。与其仅仅把这一处旅游景区的开发经营权卖出去，不如把全省那么多的风景区一起卖出去。我当即对潘书记说："卖你嘎达山一个景区，生意反倒不好做了。要卖，我就把四川景区多卖几家出去！"潘玉成听了我的主意，也禁不住连连叫好。

2001 年 2 月 21 日，由《华西都市报》和省旅游局联合主办的"四川省十大旅游景区对外合作开发经营新闻发布会"隆重举行。为什么取名"四川十大景区"？就是想用著名景区打头，这样更有卖相。实际上除了十大景区外，把几乎所有的四川旅游景区集体向外推销。发出通知之后，全省 19 个市州、69 个区县的 200 多个旅游景区都来参加了。本来是金川县一个景区出让，省旅游局提出十大景区出让，到新闻发布会的时候，200 多个景区项目参加出让。1 裂变为 200！合作方式有合资、合作、租赁承包、出让开发权等，吸引了众多企业参加竞标。全国和境外媒体铺天盖地的新闻报道令省旅游局和参会景区喜出望外。

从此以后，景区出让经营权活动就做成一笔又一笔生意。美国、德国、瑞士、日本、新加坡、泰国等地的 200 多家海内外旅游巨头和知名企业陆续来到四川，很多景区和资本相互对接。粗略统计，几年来四川景区引进的资本至少三四百亿元。

新华社发布四川出让十大景区经营开发权的消息很快席卷了全国旅游行业。几天之后，云南省宣布：云南所有景区出让经营权，浙江、山东也继而仿效。众多景区和开发商闻风而动，纷纷行动起来，形成了一股以新模式开发旅游资源的热潮。裂变思维方法在旅游产业的发展史上留下一段佳话。

1995 年 8 月的一天，府南河工程指挥部开了一个媒体座谈会。府南河综合整治工程于 1993 年启动，1994 年全面实施，1995 年 8 月进入居民大搬迁阶段。市长助理张继海介绍情况说，要在三个月内动员 10 万居民大搬迁，涉及几十万亲朋好友，困难不小，新闻单位要配合做好舆论动员，让大家积极响应支持。他一边讲，我一边想：10 万居民大搬迁、几十万亲朋好友受牵连，舆论宣传要有压倒钉子户的冲击力，干脆就动员"100 万市民"大参与吧！我的裂变式思维"10 万→几十万→ 100 万"一下就跳出来了。成都人对母亲河满怀真情，动员起来应该是一呼百应。我要用市民对母亲河的亲情"裂变"百万市民！

会议刚开完，我就将市长助理张继海拉到一边，讲述我的动员百万市民大参与活动报道的构想，张助理听了非常高兴，很快就汇报给市长王荣轩。王市长果然也很高兴，马上约请我细谈整个宣传活动计划的方案。

府南河百万市民大参与活动开始以后，市民们纷纷走出家庭，如潮水般涌向分布在市内东、西、南、北、中的 11 个投票点投票签名，有的投票点被围得水泄不通。他们当中有七八十岁的老人，有入学不久的小学生；有一家三代一起来投票的，有一个人代表职工集体投入 300 份答卷的……几个月下来，收到投票几十万份，参与人数达 200 多万，拆迁任务顺利完成。

配合百万市民大参与的活动，华西都市报对府南河工程进行的报道可谓全方位、多视角，主要集中于一个主题——百万市民的愿望和心声，即将府南河建成一条生态环境清明美丽的河流。王市长说府南河工程是全市人民的一次"大合唱"。我们就先推出全面反映各单位支援府南河工程的《府南河大合唱越唱越响亮》，接着有反映建设者们英雄气概的《气势磅礴的府南河大合唱》，以及反映各行各业和街道居民积极参与的《百万市民大合唱》；既有写府南河拆迁居民座谈会的报道《母亲河，我对您说》，也有写单位大拆迁的报道《为成都的明天让路》；最后一篇总结性报道《党心民心心连心》对民心工程的意义画龙点睛。市长在华西都市报周年庆典的讲话中评价说：华西都市报府南河工程的系列报道是"言为心声"。

府南河工程后来获得了"联合国人居环境奖"。2000 年 3 月 24 日，我率领四川"人居环境国际论坛"代表团来到瑞士日内瓦联合国环境署，环境署欧洲区域办公室副主任贝尔蒙特女士接待了我们。她说：府南河比世界上很多城市的河流都要小，工程量也不算大，很多指标都还没达标，但是，你们有百万市民的参与，这个事情就不简单，在世界河流改造史上从未有过。联合国代表洛维格森先生说，这个工程之所以获得联合国人居环境奖，最重要的原因就是民众的参与程度。民众改造人居环境的热情，当然值得联合国人居组织以奖励的方式加以肯定。

应该说，是裂变式思维让府南河工程荣膺了"联合国人居环境奖"。

都市报对晚报的批判性思维

在我的新闻职业生涯中，最令我骄傲的是运用笛卡尔方法论创办了市场化报纸的新品种——《华西都市报》，从而开创了都市报在中国报业市场独领风骚的新时代。

1994年，四川日报为了解决经济下滑的困境，决定办一张晚报，报名就叫《华西晚报》，因为当时全国各地的晚报风生水起，大家都认为办晚报赚钱。可是，那些早办晚报的就对后办晚报的提出了不同意见，说一个城市不能办两张晚报，所以《华西晚报》的报名就改为《华西都市报》。新闻出版署的同志对我们说，虽然报名改为都市报了，你们仍然可以按照晚报的方法来办。总之，就连主管领导都认为，只有走晚报这一条路子，报纸才有出路。

但是，在对全国20多家晚报访问学习之后，经过反复思考，我决定不走晚报的路子。

不可否认，晚报在当时是市场的宠儿，1993年全国8家报纸年广告收入上亿，其中7家是晚报，许多没有晚报的省报都在蠢蠢欲动，而我为什么要反其道而行之呢？

很多年来，我几乎天天看《成都晚报》，对它的长处了如指掌，对它的短处也十分清楚。社会新闻、体育新闻、文化新闻是晚报畅销的三大支柱；硬伤是缺乏当日新闻和批评报道，缺少对生活的贴近性。老百姓不喜欢的工作报道太多，成绩报道太多，真正的新闻不多，那些时政新闻、经济新闻等主流新闻，与老百姓的生活相去甚远。总而言之，晚报的社会新闻、文化新闻、体育新闻已经市场化了，其他新闻的市场化还远远不够，所以晚报最多只能算是一张向市场跨出了一小步的半市场化报纸，但都市报要办成一张完全市场化的报纸。中国改革开放十多年，各种产品都市场化了，唯有报纸产品还是一副计划经济的老面孔，读者和新闻界都在翘首盼望，等待完全市场化报纸的出现。

批判性思维不只是批判缺陷，还研究不足。缺陷当然就是不足，优点也可能有另外的一面。例如，《成都晚报》刊登学生作文的专栏"苗地"开栏的当天，报纸的零售比平时多出 3 万份，很受学生和家长的欢迎。这当然是一个优势，我要嫁接这个优势。究其受欢迎的原因，升学、考试是学生、家长和老师关心的话题，但校园生活不只有升学和考试，其他话题也是学生和家长关注的事情，这样一来，热点就绝不只是作文。于是，《华西都市报》将《成都晚报》的作文专栏"苗地"裂变式放大，做成了一个《校园内外》专版，学生和家长关心的热点应有尽有，比作文专栏更受欢迎。有人说，如果你想取得别人的好感，你首先要关心人家的孩子。作为一张市民生活报，市民不仅关心自己的衣食住行，更加关心下一代的成长。重庆市一位读者写信给我，说他家在重庆，之所以订一份成都的《华西都市报》，是因为它的《校园内外》版特别贴近学生和家长，他们关心的事情上面都有。所以你看，我们既是对"苗地"不足的扬弃，又是做优势的嫁接。

笛卡尔方法论既使用批判性思维批判旧事物，又使用建设性思维寻找新事物。我构思都市报模式的时候，批判与建设并用，在对晚报问题做批判性思维之后，又吸收和嫁接各家报纸包括晚报的长处。《扬子晚报》的实用性强、信息量大，它的"市民备忘录"和"天天文摘"栏目，我们几乎是全盘照搬；同时我们吸收借鉴了《钱江晚报》为市民办实事和服务的系列报道、《今晚报》的市场经济新闻和文化新闻报道、《成都晚报》的社会新闻和体育报道，以及《北京青年报》抓社会热点搞社会调查……正因为集各家报纸之所长，开始有人说《华西都市报》像《新民晚报》，也有人说像《扬子晚报》，后来人们渐渐发现，它既不像《新民晚报》，也不像《扬子晚报》，而是一份独具个性的报纸。

可以说，这即是我对晚报做批判性思维的创造性结果。我没有对哪一家晚报做公开评论，只是在脑子里批判它的不足。仅仅一两年时间，各地便掀起了一股学习《华西都市报》的热潮，进而形成全国都市报群，还专门成立了中国都市报研究会。这是中国传媒史上从未有过的现象。从 1995 年至 2000 年间，中国报业市场上都市报与晚报两大报系展开了对垒决战，之后，都市报大都超越了晚报，占据了中国报业的半壁江山。

市场上什么最火就模仿什么，那不是智者的战略。什么火就怀疑什么，寻找它的问题和不足，研究避免和解决的办法；把它所有的问题都解决了，就会柳暗花明，就能更上一层楼。笛卡尔方法论这个"批判 + 建设"的程序套路，在各个领域都大有可为。

《敲门发行学》的诞生

从 1950 年开始，我国的报纸发行一直实行"邮发合一"。邮局一直独霸报刊发行市场。随着改革开放的深入，1985 年，《洛阳日报》《太原日报》等一批新报纸脱离邮局，搞起了自办发行，但邮局还是市场老大。四川日报旗下的几张报纸，还有外地在四川发行的报纸，都靠邮发。

听说四川日报要办一张市场化报纸，邮局三番五次上门与我谈判，态度十分坚决。他们说，四川日报所有的报纸都是邮局发行，离开了邮局，你还能找谁发行？如果自办发行，那邮局就不发行，邮局发行就不允许自办发行，而且因为不是党报，发行费率将提高到40%，全然一副老大霸主的神态。

"你估计第一年能发行多少份？"我试探性地问邮局发行人。他的回答很干脆：8000份。我心里明白，他的估计与成都晚报说的完全一致：《华西都市报》要赶上《成都晚报》，至少要十年。

我的态度同样坚决：《华西都市报》自办发行！就这样，邮发与《华西都市报》拜拜了。

我对旧的发行模式的批判性思维，不仅是邮发，还包括了20世纪80年代以来一些报纸搞的所谓的"自办发行"。那些自办发行只是徒有虚名，通过街道办事处、广电部门等订购和发送报纸，实质上和邮发一样属于"他"发，共同的弱点是发行人员、发行渠道都是别人的，报社对他们缺乏足够的约束力和控制力，订阅费不能按时返还，报纸投送不及时、不到位等情况经常发生。虽然其发行费率比邮发降低了，但是市场占有速度依然缓慢，要想达到二三十万份的发行量，至少要经过八年以上的努力，其根本原因在于主动权没有掌握在自己手里。

经过慎重思考，我决定华西都市报要搞真正的自办发行，从一开始就与那些已有的自办发行不同，我们很快组建了自己的发行队伍。

当然，任何事情都不会一帆风顺，虽然我下了很大功夫研究零售，第一年下来，零售数量不到 8 万份，与我的预期还差得远。我开始反思我的零售模式，最大的不足，仍然是不能充分发挥我们的主动性，受零售市场左右而不是由我们左右。

在对邮发、他发式自办发行、零售做了上面的批判性思维，一时没有找到一个满意的结果之后，我多次到发行部，要求他们邀请高校新闻系的老师来讲发行课，以提高发行队伍的理论水平。可是四川大学新闻系只有广告课，没有发行课，发行作为一门学问，还是一片空白。

创刊的第二年，重庆发行站站长陈建国在重庆招聘了几十个发行员，挨家挨户上门征订报纸，四个月增长了 4 万份。我听重庆新闻处长说，华西都市报的发行就是"敲门"，既然重庆几十个人敲门发行都取得这么好的成果，我为什么不在成都乃至全省组织几百人的队伍，一家一家地去敲门呢？那样效果不是更加显著吗？

1996 年 9 月 20 日，《华西都市报》在成都拉开了"敲门发行"的战幕。在成都军区转业干部培训中心大礼堂里，500 多名发行人员聚在一起，听我给他们做动员报告，我报告的题目就是我提出的口号："敲开千家万户的门！"

第二天，成都的大街小巷处处响起了"敲门"声。一个月下来，征订数量就增加了 1.7 万份。

两个月后，发行部选出 10 名先进发行员。我派擅长写人物的记者去采写，准备集纳成册，供发行员学习借鉴。10 个先进发行员的事迹写出来了，比原先介绍的还要丰富。这些发行员各显神通，在自己的那片天地里大展宏图，在短短的时间内就使发行量直线上升，创造了各种各样的奇迹。我读着发行员的这些事迹，想起过去多次要求发行部请新闻系的老师来讲发行课，思路豁然开朗：发行学并不神秘。发行的学问不在新闻学院的教科书里，它就在这些发行员的实践中。他们拥有无穷无尽的创造力，每个人都会想出各种各样的敲门办法。他们就是最好的老师，他们的事迹和经验，就是一门《华西都市报》的发行学，这些故事不就是一本很好的、看得见、听得懂、学得会的发行学教科书吗？我要用这10位发行员的故事，去激发更多发行人员的激情和创造性。姑且就叫"敲门发行学"——用一颗全心全意为人民服务的诚心去敲开千家万户的心灵之门的学问。

我把这些优秀发行员的事迹编辑成册，将我的讲话《敲开千家万户的门》作为序言，又写了一篇《敲门发行学的诞生》，进一步阐释说明，形成了《敲门发行学》的初稿。

几天之后《敲门发行学》印出来了，总计印刷5000本。发行部迅速将它发到每个发行员手中。《敲门发行学》的功效比预想的还要神奇。发行员读了之后，好像打了鸡血似的，个个摩拳擦掌，这种不服输的劲头，使他们创造出更多高效的办法。

1995年至1996年，《华西都市报》的发行量以每月1万份的速度增长，当时就被认为是中国报业史上增长速度最快的报纸。到1997年，《华西都市报》的发行量以每月2—3万份的速度增长，无论是成都、重庆两个大城市，还是中小城市，《华西都市报》都如入无人之境，席卷大街小巷，进入千家万户。这年10月，总发行量飙升至50余万份，成为中国西部地区发行量最大的综合性日报。

"敲门发行"的神奇功效，使全国报纸闻之惊叹不已，纷至沓来探寻这一制胜法宝。成都报纸最先群起仿效，一些发行量只有十几万或二十几万份的报纸迅速上升到三四十万份。

《敲门发行学》本来是一本内部工作用书，还没有正式出版就成了畅销书。一些前来考察学习的报社发现了它，当即就提出购买，哪怕几百元一本也行。《大河报》1997 年 6 月发行量为 8 万份，实行敲门发行以后，12 月底就增加到 18 万份，次年 1 月则达到 22 万份，后来超过 50 万份。

敲门发行的成功运用，使《敲门发行学》一书名噪华夏。全国各地来函索取的，汇款求购的，上门寻找的……应接不暇。《三湘都市报》复印了近千本《敲门发行学》，发到每个发行员手中。

1998 年 3 月，自办发行协会在杭州召开业务协作委员会。会务组复印《敲门发行学》，人手一册。1998 年 6 月在兰州举行的全国报纸自办发行会议上，这本书同样以复印的方式发给每位与会者。参会者建议，赶快交给出版社正式出版。据当时统计，这本书的复印本总数已在 6 万本以上。

我后来对《敲门发行学》一书重新做了梳理，在保留原有实用方法的基础上，增加了一些学理性，于 2000 年由中国社会科学出版社正式出版。

中国自 1990 年代以来出现的都市报旋风，如果仅仅只是都市报这种市场化报纸产品设计符合读者的阅读需求，没有"敲门发行学"这套市场营销的先进理念和方法，市场覆盖的速度仍然是缓慢的。《敲门发行学》则是都市报加速进入千家万户的高速路。也就是两三年之间，全国日报的发行量就从长期徘徊的 2000 多万份，上升到接近 1 个亿，超过日本，成为世界第一。

随着报纸发行量的迅速增加，广告也蜂拥而至。过去一张报纸的年利润不过几百万元，现在很多都市报的年利润都超过亿元，甚至达到 2 亿元。《敲门发行学》把曾经完全附属于报纸生产的发行工作变为一种独立性很强的产业，促进了报业生产规模化经营，并引发了报业经营一系列相应的变革。一个个报业集团应运而生，一座座报业大厦拔地而起。中国报业经历了创新—转轨—升级，从百万利润时代跃入亿万利润时代，这是中国报业的黄金时代。都市报占据了全国广告的大半壁江山。在当时所有传媒营销类书籍中，《敲门发行学》创造的经济价值和产业价值无疑是独一无二的。

梳理《敲门发行学》产生的过程，即是典型的笛卡尔方法论的思维逻辑，在批判旧的发行模式中，寻找和建立新的发行模式。报纸创刊之后的两年时间，为了探索创新的发行道路，我先后使用了批判性思维、实验法、概括思维、裂变式思维、演绎法、优选法、归纳法等若干方法，"过五关斩六将"，最终催生了一种新的发行模式，《敲门发行学》应运而生。[①]

PK 文科生

2000 年夏，我去美国旧金山参加世界华文报纸年会，会上我被

---

① 参见《传媒方法论》，第 200—231 页。

推选为世界华文报纸协会副会长。老朋友程宝林专门到会上来看我。他早年是人民大学新闻学院的高才生，毕业后分到四川日报工作，再后来到了美国，现在旧金山办杂志。他对我感叹道："改革开放以来，中国报业如何市场化，是新闻界一直在思考、很多人都想解决的问题。结果新闻系的人没有解决，中文系的人没有解决，被你这个学数学的理科生解决了。新闻队伍里新闻系毕业的人多，担任领导职务的很多是新闻专业出身，中文专业的人也不少，还有其他文科生，学理科的人很少，学数学的更是凤毛麟角。而偏偏是你这个学数学的，在中国内地一个不起眼的地方——既非媒体云集的首都，也非改革开放的前沿——创造了市场化的报纸新产品，在报业改革中独占鳌头。这完全出乎预料，大家都觉得不可思议：为什么是你呢？"

我于1995年起兼任华西都市报总编辑，总结了一套报纸市场化的理论和方法，使华西都市报迅速崛起。1998年，我被推选为中国都市报研究会会长；2000年，被推举为"中华十大管理英才"；2001年获中国报业协会颁发的中国报业创新奖；2008年，中国传媒大会年会上，被授予"改革开放30年中国传媒突出贡献奖"；2009年，中国传媒大会年会上，被授予"共和国60年传媒影响力人物奖"；2019年2月，荣获"100位改革开放文化产业领军人物"称号。2009年，复旦大学出版社出版的《中国新闻传播史（1978—2008）》一书中，专门以《席文举：中国都市报之父》为题，介绍了我创办都市报的情况。

对我而言，从数学专业到新闻专业，无异于一百八十度的大转弯，取得成功后，介绍华西都市报的经验和我个人的文章不胜枚举。

但是，这些报道始终停留在"席文举有创造性思维"的话题上，对于创造性从何而来的研究却乏善可陈，虽然不断有人提出"你为什么能创造都市报的奇迹"的问题，却始终没有找到答案，更不会想到我在数学王国里学到了什么。

席文举没有读过新闻系，没有系统学习过新闻理论，他的新闻业务知识肯定不比新闻系的多。全国那么多总编辑，有的还是名牌大学新闻系毕业的，可是，最终拿出报纸市场化解决方案的，是没有读过新闻系、没有学过文科和社会科学的席文举。为什么？因为席文举懂得笛卡尔方法论。所以，原新闻出版署署长柳斌杰在《传媒方法论》的序言中说："科学方法论才能造就综合性的高层次领军人才。""上世纪90年代，席文举又用笛卡尔方法论改变了中国报业市场的结构，让都市报独领风骚一个时代。""席文举同志为什么能够成为'中国都市报之父'而受到报业圈的推崇，那完全是方法论高深造诣的水到渠成。"

更有意思的是，到了21世纪，智能手机客户端出现以后，传统媒体办的APP大都淹没在众多APP的汪洋大海之中，客户端点击率始终很低。究其原因，还是不懂得笛卡尔方法论。传统媒体办新媒体APP的情况，是又一次重复20世纪90年代党报办市场化报纸的情况。当时各家党报办出来的都市报，要么像一张晚报，要么是一张精品购物指南。模仿晚报和精品购物指南的结果大多是亏损。

2013年8月19日，习近平总书记在全国宣传思想工作会议上发表了一个重要讲话。他在讲话中就传统媒体与新媒体融合发展的问题，提出了一个十分明确的目标：占领新媒体制高点。10年过去了，传媒界实践占领新媒体制高点的结果如何呢？

如果说过去几年传统媒体从业人员知识陈旧，那么这些年来进入传媒队伍的高学历人才不计其数，怎么也拿不出超越新媒体市场、占领新媒体制高点的解决方案呢？答案很简单：他们在学校里也没有学到笛卡尔方法论。

当年我使用模型法推出碧峰峡模式的系列报道，成为引领全国旅游体制改革新潮流的典型，这一方法不仅那些记者没有学过，当下高学历的传媒人才同样没有学过。

在需要方法的时候，他们没有方法；在需要方法论的时候，他们没有方法论，所以自然不能创新。当然，责任不在编辑记者，而在教育他们的学校。新闻院系和文科院系学习的课程，没有哲学方法中在各个领域普遍适用的普适法，只有写作方法、编辑方法等实操之类的方法，更没有方法论。缺少方法和方法论的引导，导致他们在以后的工作中难以走上创新之路。

第十三章

教育改革中的几个认识误区

也谈素质教育

这些年来的教育改革，喊得最响的一个口号就是素质教育。有人评价说黄全愈的素质教育理念对中国现代教育的改革产生了深刻的影响，是对中国教育改革的贡献。还有人说，只有素质教育能救中国。

黄全愈的《素质教育在美国》由长江文艺出版社出版。封面勒口处有这样的推荐语："他的每一本书都在中国教育界引起振聋发聩的效应。"通读这本书后，我对书中"素质教育"的提法有几点不同看法。

首先，素质教育的概念不够科学，不够清晰，原因是他所依据的材料太少。书中讲述了旅美学者黄全愈的孩子矿矿从小学到中学的几次作业和课外活动。矿矿上小学二年级时，老师要求他们到图书馆借阅了十几本书，完成了他有生以来第一份研究报告《蓝鲸》。这个过程能够促使孩子动脑，促进孩子思维能力、独立工作能力的发展。到了五年级，矿矿写的一篇研究卡通画和漫画的文章，可以称得上非常专业化了。四个小标题，就卡通画和漫画的发展历史、未来的发展趋势、卡通画家和漫画家如何从生活中发现创作的动机，以及卡通画和漫画创作时的感觉等问题，谈了自己的研究结果和自己的见解。老师要求研究的参考资料至少应有三个不同的出处。矿矿明白了所谓不同的出处并不是指来自三个不同的图书馆。到了中学，美国孩子已经开始了真正的科学研究。矿矿在七年级时独立完成了一个可以称之为"真正"的百分之百的科学研究，自然科学课的老师要求孩子们自选课题，用两个半月的时间独立完成研究过程，课题领域很广泛，上至天文，下至地理，从动物到植物，从心理学到行为科学，选什么都可以，但一定要新，不能重复前人的研究，而且要有自己的独立见解。矿矿想出了一个异想天开、富有想象力的课题：测试小老鼠的决策能力。黄全愈叙述了这些事情之后，大发感慨：美国人从小学就开始学做研究、写论文，七年级的学生就能写出非常正规的研究论文了，经过这样的训练，他们的思辨能力能不强吗？他们的科技素养、学术水平能不高吗？

我以为，将几个事例抽象概括为"素质教育"未免有些牵强。抽象概括是一个思维方法，但概括一定要占有大量材料，从众多的具体现象中抽象出现象的本质属性；而且要切合实际，要准确，没有歧义。特别是作者最后的那一句反问："经过这样的训练，他们的思辨能力能不强吗？他们的科技素养、学术水平能不高吗？"其实对读者来说，说服力没有那么强。我们恰恰可以这样反问作者："经过这样的训练，他们的思辨能力能强吗？他们的科技素养、学术水平能高吗？"因为作者并没有拿出矿矿如何训练思辨能力的例子，只是简单地说写论文。而训练思辨能力，是需要苦练三段式演绎法的基本功，也就是逻辑思维训练的基本功的。我相信，美国那些诺贝尔奖获得者，个个都经过了严谨的数理逻辑的推理训练，而不是通过写出"非常正规的研究论文"那种模糊的训练方法培养出来的思辨能力。

其次，作者说有关素质教育，至少可以搜索到几十个定义。这只能说明素质教育的概念模糊不清。一个科学的、准确的概念，只能有一个定义。

再次，作者在书中这样解释素质教育："素质教育凸显了直观、生动、可操作、可实施、活灵活现、神形兼备的实质：激发创新、解放个性、尊重人性、鼓励独立、勇于质疑、敢于求异、善于发现、促发科研、学以致用、植根社会、孕育领导、强健体魄……"素质教育如此包罗万象，本身就缺乏严谨性，成了一个让人捉摸不定的东西。

最后，因为概念模糊不清，就难以拿出落到实处的措施。所以，尽管素质教育的口号很响亮，也喊了很多年，却很难落到实处，也就失去了其意义。

但凡要建立一门科学，都必须从理论和实践两个方面做出论证。

早在几个世纪以前，哲学界和理论界就走上了建立科学理论的科学道路，凡是没有使用公理化方法从理论上做过严密论证的，都不被认为是正确的理论。很遗憾，《素质教育在美国》一书虽然提出了"素质教育"的概念，却没有对"素质教育能够培养出精英人才"这个命题，从理论上使用公理化方法给出严密的论证。

　　写到这里，我们使用假设演绎法做一个推理。假设三一学院巴罗教授在看到牛顿参加奖学金考试的试卷之后，发现牛顿考试失败的原因是不会使用演绎法，就像矿矿的老师那样，布置牛顿去写很多高深的论文，训练牛顿的思辨能力。（牛顿在中学时代确实也没有受过这样的训练。）我们不禁要问，这样训练出的牛顿能攻克万有引力吗？回答是肯定的：不可能！不仅不可能，巴罗教授也绝不会这样做。那些攻克诺贝尔奖的科学家们没有一个是通过写作很多高深的论文来训练思辨能力的，他们完全是通过步步严密的三段式演绎推理训练完成的。不进行演绎推理的逻辑思维训练，想要完成任何一个科技攻关项目，都是不可能的。

　　中国想要培养诺贝尔奖获得者，教育工作者首先得研究那些已经获得过诺贝尔奖的人，研究他们创造性的思维加工能力是怎么培养出来的。而这个问题早已被西方的哲学家研究清楚了，美国宾夕法尼亚大学的艾伦·考尔斯教授在他的《现代思维的诞生》系列讲座中，就系统讲述了西方的自然科学家和社会科学家们总结创造出的一整套现代科学思维方法。这是一门思维科学，这门科学早已建立起来了，我们只需要学习运用就行了，而不需要总结什么"素质教育"的新理论。

　　研究美国的教育，首先就要系统研究美国学校的教材，特别是方法和方法论的教材。教师是按照教材来进行教学的。教学可以超越课本的内容，但是这种情况毕竟不多。为此，我专门买了一本美国大学的教材《批判性思维》^①。《批判性思维》的封面上并列两排肩题：最受美国大学生欢迎的思维训练教科书／"十大思维谬误"教你如何正确思考与决策。编者还在封底对该书内容做了介绍："本书是美国最为畅销的大学教材，连续九次再版，语言通俗、生动，直观地阐述了批判性思维、正确推理和合理论证的基本问题、观点、方法和技巧。本书从批判性思维的重要性和必要性说起，就如何进行正确的思维和清晰的写作，到有效论证的规则、合理的演绎和归纳推理，再到道德、法律和美学的论证进行了详细阐述，同时还指出了各种以修辞手法来掩盖虚假论证的例子，对批判性思维进行了全面的论述，希助读者全面了解和掌握合理而正确的思维基本原则、规则、要求、技巧和训练方法。"

在此，我把《批判性思维》第一节的内容摘录如下：

什么是批判性思维？

我们并不总是像上述各例那样形成判断或做出决定。做出更好的判断的利器就是批判性思维（critical thinking）。在下面的"洞察"栏目中我们罗列了批判性思维的各种要素。但归结起来，批判性思维就是指审慎地运用推理去断定一个断言是否为真。值得注意的是，批判性思维往往不是指断言的真假本身，而是指对我们面临的断言进行评估。也可以说批判性思维的主旨是关于思维的思维——当我们考量某个主

---

① 布鲁克·诺埃尔·摩尔与理查德·帕克合著，朱素梅译，机械工业出版社出版2014年9月版。

意好不好的时候，我们就在进行批判性思维。由于思想决定行动，我们如何考量自己的思想和观念往往就决定了我们的行动是否明智。

批判性思维列表

正文中我们简略地介绍了批判性思维的特征。但教育资助委员会的大学学习评信（CLA）项目具体罗列了很多批判性思维的重要技能，率先掌握这些技能就能使你脱颖而出。

这些技能为：

学生是否善于：

☐　判断信息是否恰当

☐　区分理性的断言与情感的断言

☐　区别事实与观点

☐　识别证据的不足

☐　洞察他人论证的陷阱和漏洞

☐　独立分析数据或信息

☐　识别论证的逻辑错误

☐　发现信息和其来源之间的联系

☐　处理矛盾的、不充分的、模糊的信息

☐　基于数据而不是观点建立令人信服的论证

☐　选择支持力强的数据

☐　避免言过其实的结论

☐　识别证据的漏洞并建议收集其他信息

　　□　知道问题没有明确答案或唯一解决办法

　　□　提出替代方案并在决策时予以考虑

　　□　采取行动时考虑所有利益相关的主体

　　□　清楚地表达论证及其语境

　　□　精准地运用证据为论证辩护

　　□　符合逻辑地组织复杂的论证

　　□　展开论证时避免无关因素

　　□　有序地呈现增强说服力的证据①

　　培养批判性思维的习惯和提高运用批判性思维的技能会让人变得更聪慧，这两者同样重要。正像有人给我们来信所言，与放弃理性思考的人论辩就如同给死人服药。批判性思维的习惯和技能不是让你在一时一事上精明起来，而是让你总体上更明智。本书介绍的思维技能可以运用于人们谈论或思考的任何领域。同样的思维原则既可以运用于你的日常决定（如：是否以及如何提高批判性思维能力），也可以运用于关于国计民生的大问题（如：美国是否要发动对伊朗的战争？全球变暖是否构成对人类的威胁）。无论是举足轻重的还是微不足道的事情，你越多地运用批判性思维，你的思维就越经得住考验。

　　由此可见，这本书就是在详细讲解笛卡尔方法论的批判性思维方

---

① 资料来源：http://www.aacu.org/peerreview/pr_sp07_analysis1.cfm。

法，训练学生的批判性思维加工能力。从这里就可以充分证明，美国学生很强的思辨能力，是思维方法课训练出来的。

在《批判性思维》一书的最后，编者还推荐了十几本参考阅读书目，如《竞争与博弈》《学会提问》《思考的艺术》《逻辑思维简易入门》《批判性思维工具》《专注力：化繁为简的惊人力量》等，不少都是方法和方法论的书。比如化繁为简，就是笛卡尔方法论在论证真理和论证结论时经常使用的一个重要方法。

我没有具体研究过美国的教育，但是，窥一斑而知全豹，从这本书中就可以看出美国是非常重视方法和方法论的教育的。美国是如何进行方法和方法论的教育的？有什么经验可以总结和借鉴？这些值得中国教育工作者认真研究，而不要被"素质教育"之类的说法带偏了方向。

通才教育名不副实

2020 年，某知名大学在发给学生的通识教育学生手册中提出要做通识教育的改革试点，以培植综合性人才增进国力为宗旨，建立通专融合的教育体系。这个宣示改革教育的手册同样存在误区，比如通才、全才的提法。在西方科学技术大革命中，确实出现了几个在多个领域有所建树的通才科学家，但这绝非可以复制的现象，而是极个别的偶然现象。这是因为，一个人的精力是有限的，要精通多个领域并且有创造性的建树，特别是在知识爆炸时代，是很难做到的，单一领域的新知识都难以全面掌握，更不要说多个领域。我们不能将过去在极个别人身上出现的偶然情况，作为对大多数学生的要求，应当因材施教，只有对特殊人才才做特殊教育。即使在西方，当代也没有出现通晓各个领域知识并且有所创造的全才，何况这些科学家本身就是天才，而不仅仅是学校教育出来的。

西方的教育也不能说就是"全才教育"或"通才教育"，这个说法已经流行多年，其实就是不懂得方法论的国人对西方大学教育的片面认识。西方文科大学生也教授高等数学，那是学习方法和方法论，不是为了培养全才，而是为了培养能够使用笛卡尔方法论的创造性专业人才。因为笛卡尔方法论是从高等数学里总结出来的方法论，学习高等数学就能学好笛卡尔方法论。我们的教育必须大面积培养各种各样的专业人才；而培养专业人才都要求学习高等数学，那是为了学习笛卡尔方法论的创造性思维。

前不久，教育部发布了《新文科建设宣言》。一些解读《新文科建设宣言》的报道说，《新文科建设宣言》就是要推进学科交叉融合，培养复合型文科人才，也有的说是培养杂交人才。其实，这样的解读也与前面的"全才教育"或"通才教育"一样，把手段和目的混为一谈。对学生进行学科交叉融合的教育，与"全才教育"或"通才教育"一样，都是重在方法的交叉。本质上是在进行方法的教育，使用另一个知识领域的方法，来研究这一领域的问题，目的都是一个，提高学生的创新能力。很多人称我为杂交人才，但是，我在几十年的新闻工作中几乎就没有用过数学知识，特别是从来没有用过高等数学的定理和公式，不仅没有用过，而且早就忘到九霄云外去了。但是，我几乎天天都在运用从数学中学到的方法。所以，传媒和数学的交叉融合，不是为了学会数学，而是为了使用数学方法搞好传媒工作。

建设和批判都不可少

在现有的教育改革方案中，也有的学校提出了方法教育的内容，这是一个可喜的进步。但是，从方法教育的内容看，还远远不够。

清华大学最新的学生手册就在对学生的学习内容中，提出了学习批判性思维的方法。批判性思维是笛卡尔方法论中打头阵的重要方法，但这并不等于就是笛卡尔方法论。笛卡尔方法论是一个包括提出选题、准备公理和工具、证明结论"三步曲"结构的方法体系。批判性思维只是笛卡尔方法论第一步中的一个思维方法，它的任务是发现旧事物中存在的问题，接下来还应该运用假设法等方法做建设性思维，提出一个能够克服各种问题和不足的新理论、新事物，或者新的解决方案，这样才能完成提出选题的第一步曲的任务；而第二步、第三步的任务都是论证解决方案的正确与科学，这样才能完成创建新科学的任务。只懂得批判性思维，不懂得建设性思维，就提不出新的建设性的解决方案，或者论证不了方案的正确与否，那又如何完成"建立科学的科学"的任务呢？

所以，一个人要有创新能力，不仅要有批判性思维，更重要的是要有建设性思维。笛卡尔方法论体系中的提出假说、公理化证明方法，都属于建设性思维。

发现弹性定律的著名物理学家胡克在牛顿之前就提出了万有引力的假说，而且提出的万有引力公式与牛顿的万有引力公式非常接近，只差一个系数。可是，他就是证明不了万有引力，问题的关键是他没有完成笛卡尔方法论的第二步，即准备证明定理的工具——微积分，这使得他最终与万有引力失之交臂。用法国思想家伏尔泰的话来说，他无法像牛顿那样走到探寻万有引力的终点，而且离终点还差得很远。所以，只是学习批判性思维是远远不够的，必须认真学习笛卡尔方法论"三步曲"的每一步，才算是完成创造性思维的教育。

其实，真正体现创造性的是建设性思维。常言道：不破不立，有破有立。破坏一个旧世界，建设一个新世界。批判性思维是破，建设性思维是立。如果破了之后始终立不起来，就是白破。中国历史上的农民起义领袖，可以说个个都有批判性思维，他们将旧王朝打得落花流水，可是建设起来的政权又是一个封建王朝。

马克思批判资本主义，建设起来的是社会主义社会。如果只是批判，没有建设，也就不能成为马克思主义了。

笛卡尔方法论体系实际上有两个板块，一个是批判，另一个是建设，二者缺一不可。牛顿的《自然哲学的数学原理》是一部皇皇巨著，众多的推理几乎就集中在万有引力的论证上。万有引力是牛顿精心建设的科学理论，从书里很少看到批判性思维，因为在他之前就不止一人提出了万有引力的假说。牛顿的主要工作，是运用数学的逻辑推理完成万有引力的论证，即是说，牛顿之前的科学家已经完成了批判性思维的任务。正如牛顿所言，他是站在前人的肩膀上成功的。

牛顿并非没有批判性思维，而是在建立万有引力理论的过程中没有用到批判性思维。建立一门科学往往需要一个漫长的过程，甚至需要几代科学家的赓续接力，后面的科学家更需要建设性思维。非欧几何学的建立即是如此。

公元前 3 世纪欧几里得几何学建立，之后雄视科学界两千年，无人能够动摇其权威性。比如平行线公理："通过不在直线上的一个点，不能引多于一条的直线，平行于原来的直线。"这条公理当然是正确的，现在中小学的数学课本里也是这么讲的。可是就在 17 世纪，意大利冒出一个数学家萨凯里（1667—1733），曾质疑这个公理有问题，提出："有什么根据不能引多于一条的平行线呢？说不定可能画出几条平行线呢？"开始的时候，很多人都认为这是故意刁难，但是从此以后，总是不断有数学家去琢磨和研究这个"刁难"的问题，他们所做的工作就是批判性思维。但是，因为他们缺少建设性思维，使得这一工作始终没能再向前一步。

1826 年，俄罗斯数学家罗巴切夫斯基提出了一个相反的公理：通过不在直线上的一点，至少可以引两条直线平行于已知直线。从这个新公理出发，他最后建立了一门崭新的非欧几何学。非欧几何学就是曲面几何学，在曲面上通过不在一条线上的一点，可以引两条线平行于已知线。曲面几何学、球面几何学等非欧几何学，扩大了人类的空间概念，在天文学、宇宙论、航天技术等四维空间和大于四维空间的领域，大有用武之地。现代人类要进入航天航空领域，须臾离不开非欧几何学。

非欧几何学是人类空间认识史上的一次革命。这个罗巴切夫斯基具有非凡的建设性思维，他没有使用批判性思维，而是越过了批判性思维这一步，直接进入建设性思维阶段。但是，创立非欧几何学确实经历了笛卡尔方法论批判性思维和建设性思维两个阶段的全过程，如果没有批判性思维，就不会有非欧几何学。在非欧几何学的著作权署名上，只有罗巴切夫斯基的名字，而最早使用批判性思维的意大利数学家萨凯里，因为没有建设性思维，也就无法走到曲面几何学的终点。

还有的时候，也有可能不使用批判性思维直接进入建设性思维。比如1820年，丹麦科学家奥斯特发现通电导线能使旁边的磁针发生偏转，说明通电导线周围能产生磁场。同年，法国科学家安培也发现两根通电导线之间有相互作用。电流同方向时相斥，异向时相吸。一时间，电产生磁这个科学发现，成为科学界流行的新知识，被广为传播。英国科学家法拉第得知这个消息后，随即琢磨："既然电可以产生磁，那么反过来，磁可不可以产生电？"于是，他开始了磁产生电的研究。

法拉第使用逆向思维的方法直接进入建设性思维阶段。最初他还是沿着传统观念去做实验，认为电流总是沿平直导线流动，所以实验中总是将各种变化的磁场作用到平直导线上（收敛思维），然后去观察该导线上是否有电流产生，结果总是失败。他做了几百次实验，始终未能成功。后来，他想到电流可以沿任意方向流动，作为电流载体的导线也可以是任意形状，于是就把导线弯成圆形（求异思维），并做成螺线管形式，然后把永久磁铁插进去再拔出来（以改变磁通量），结果成功了，这成了电磁感应定律的实验基础。法拉第最终创立了感生电动势大小与磁通量变化率成正比的电磁感应定律。

综上所述，学习笛卡尔方法论，仅仅强调其中一种方法是远远不够的。普遍适用的几十个哲学方法都有各自的用处，更何况笛卡尔方法论是一个方法体系。只有用科学家们总结创造出来的几十个方法和方法论武装学生的思维方法库，他们才有可能在科学技术前沿阵地纵横驰骋，大有可为。

为什么北大、清华都拿不到诺贝尔奖？答案已经很明朗了：他们至今只是在培养学生的批判性思维，不重视培养建设性思维，学生多是思维的"跛腿"。批判性思维加建设性思维，才是一个完整的从旧到新的创造性思维。

外因和内因混淆不清

一个孩子今后能否成为创造性人才，关键是看学校的教师教了他什么，他自己在学校学到了什么。如果只是学到了一些知识，没有学到方法和方法论，他就不可能有多少创新能力，成为创造性人才。这才是孩子能不能成才的关键。至于社会上出现的各种现象，比如教育资源分配不公、学区房盛行、学校管理体制不科学等，对孩子们确实有一定影响，但都属于外因，不是成才与否的决定性因素。

2021 年 10 月 10 日，中国经济网上发表了一篇探讨为什么日本有那么多诺贝尔科学奖的文章。日本政府曾经在 21 世纪初制定过 50 年拿 30 个诺贝尔科学奖的计划，迄今为止，日本已经有 20 多位获奖者。文章强调说，学术研究是需要大量投入的，发展中国家学术基础薄弱。中国科研经费大幅度提高和科研产出爆发，都是近些年的事情，要像日本那样成为诺贝尔科学奖常客，还需要静待时日。

在我看来，作者强调的国家要大幅度提高对科研经费的投入，其实是影响诺贝尔科学奖获奖者的外因。

我只要举一个例子，就可以证明作者的这一说法不成立。牛顿攻克万有引力是有史以来最伟大的科学成果之一。可是，那个时候英国政府根本就没有提供科研经费一说。牛顿那本划时代的辉煌巨著《自然哲学的数学原理》一直没有经费出版，经过各方努力，最后是得到私人赞助才得以出版。北京大学出版社出版的《自然哲学的数学原理》在前面"牛顿的生平"一文中说："值得一提的是，皇家学会虽然十分重视牛顿的《原理》，但却没有财力资助出版它，是哈雷自费出版了牛顿的这部著作。"[①] 当时的英国皇家学会其实是一个民间组织，只是打着一个"皇家"的名号而已。无论是政府还是皇家，都与万有引力没有关系。只是皇家学会在后来的科学技术大革命中发挥的作用越来越大，才奠定了它在英国和世界科学技术发展中的影响和地位。

牛顿划时代的科学贡献，不是因为政府科研投入的鼓励，而是因为他的老师巴罗教授教导他学习掌握了演绎法和笛卡尔方法论。也就是说，牛顿使用演绎法和笛卡尔方法论才攻克了万有引力的科学高峰。内因起到决定性作用。列举法是科学上否定一个命题的最有力的证明方法。牛顿的例子无可辩驳。

在科学发展史上，许多科学家没有政府科研经费的资助，同样攻克了一个个科学技术高峰。特别是在科学技术大革命的前期和中期，那时候的西方还处在封建统治之下，或者说处在从封建社会向资本主

---

① 《自然哲学的数学原理》，北京大学出版社 2006 年 1 月版。

义社会过渡的转变期，根本没有认识到科学技术推动生产力发展的巨大作用。在科学技术大革命的前三个世纪，即 16、17、18 世纪三百年的时间内，成百上千的科学家们在极其艰难的条件下，用他们的智慧创造了一门又一门的科学，造就了科学技术大革命的辉煌。科学家们做科学研究的意识和动力，完全是笛卡尔所说的探索真理的精神。

著名天文学家开普勒运用发散思维的方法，研究其恩师第谷近 30 年间观察的 750 颗行星运行的规律，发现了行星运动的三大定律，写出了《新天文学》《宇宙的神秘》等天体力学的奠基之作，由此获得了"天空立法者"的美誉。第一和第二定律发表于 1609 年，是开普勒从天文学家第谷观测火星位置所得资料中总结出来的；第三定律发表于 1619 年。开普勒供职于丹麦国家天文台，本来由皇宫发放薪酬，但因皇宫资金紧缺，一直拖欠不发，以至于开普勒节衣缩食，生活难以为继。1630 年初冬，因数月未得薪金，早已是世界著名科学家的开普勒不顾年高体衰，亲自到雷根斯堡去索要，结果他刚到那里就抱病不起。几天后的 11 月 15 日，开普勒在一家客栈里悄然离开了这个世界，享年 60 岁。除一些书籍和手稿外，他身上仅剩 7 分尼（1 马克等于 100 分尼）。开普勒死后，他的孩子继续向皇宫讨要他生前的薪金。

再说居里夫人。居里夫人所在的巴黎大学物理学院，当时的各方面条件都很简陋。为了把镭提炼出来，居里夫妇变卖了家产，到处借贷，建立了一个简易的实验室，开始了这项有重大意义的工作。从 1898 年到 1902 年的 4 年时间里，她从 8 吨铀矿渣中成功提炼出 0.1 克镭盐，从而测定出它的原子量、物理性质、化学性质以及铀在元素周期表中的位置。

那时西方国家之所以没有重视科研经费的投入，是因为还没有充分认识到科学技术推动生产力发展的巨大作用，这样的认识是后来才慢慢形成的。

也正是因为政府缺少科研经费的投入，19世纪末，瑞典化学家阿尔弗雷德·诺贝尔为了鼓励科学家的创造发明，将巨额遗产贡献出来，设立了诺贝尔奖。其实瑞典也不是什么强国，诺贝尔奖的数额并不能完全保证一项科学研究的所有开支。1901年，诺贝尔奖第一次开奖，居里夫人于1903年获得诺贝尔奖。重视并鼓励科研经费的投入自此拉开序幕。

国家层面有意识地扶持高科技研发，是在第二次世界大战之后，冷战迫使一些国家加强军备力量。而企业有意识地投入科研经费，是因为市场全球化和WTO的问世，全球市场竞争加剧，企业不得不加大科研经费的投入。

毋庸置疑，国家科研经费对于科学研究具有积极的鼓励作用，但能否攻克诺贝尔科学奖，最终还是取决于有没有创新能力。

当然，我们欢迎科研经费的投入，但绝非一立项就盲目投入，从博士大跃进到立项大跃进，甚至很多立项是以各种各样的名目精心策划出来的，科研经费最终流入了那些没有创新能力但有策划手腕的人的腰包。

科研经费必须选择性投入，科学地投入。任正非说过，华为的科研经费投入中有一部分是准备有去无回的，这两者之间是辩证关系。投入本身也是一门学问，一定要考察和评估研究者到底有多少创新能力，如果不懂得笛卡尔方法论，其创新能力就值得怀疑。

前面说过，日本在20世纪60年代制订了经济腾飞的计划，同时制定了营养法，让全国人民都懂得吃饭的科学，10年之后国民生活水平得到极大提升，但民众"三高"比例极低，日本还成为全世界长寿第一大国。反观我国，在经济改革之时，没有对全民进行治未病的教育，以至于食品丰富了，人们开始大吃大喝，"三高"比例急速上升，根源就在于我们的决策部门不懂得裂变式思维方法，不能将中医提出的治未病观念裂变为给全民治未病。

南京师范大学项贤明教授写了一篇文章，标题是《教育无论怎么改都是怨声载道》，文章说他个人对中国教育改革现状的估计不太乐观。不管是教育行政主管部门还是政府出台的政策，很多情况都是处于盲人摸象的状态。问题出在哪里？文章说："就我个人观察来看，中国的教育改革要摆脱困局，首先必须对教育改革中的重要问题进行清理和辨析，弄清哪些是真问题，哪些是假问题。实际上，中国教育改革很多时候是在用错误的方法去解决虚假的问题。到目前为止，至少三类问题是混淆的。第一类问题，把社会问题和教育问题混淆；第二类问题，把管理问题和教育问题混淆；第三类问题，把政治问题和教育问题混淆。总之，中国教育改革连最基本的问题都没有搞清楚。现在最需要的是把问题搞清楚，厘清问题，进而再寻求解决之道，否则就会事倍功半，甚至南辕北辙。"

项贤明教授所说的混淆不清的问题，其实不少都是社会问题在教育战线的表现，根源在社会。不从根子上找原因，只着眼于教育领域的表象，是解决不了问题的。从事物发展的本质出发研究，基本上都是外因的范畴。外因对学生的成才有影响，但都不是决定性的；起决定性作用的是内因，是学生有没有掌握笛卡尔方法论。而对于学生成才的内因，他们不是忽视了，而是根本就没有弄明白。我想说的是，如果总是在外因问题上抓来抓去，中国拿诺贝尔科学奖的希望依然渺茫。

所以，教育部门首先应该抓的是教师在课堂上的授课内容，应该从以知识教育为核心转轨到以方法教育为核心。几年时间转瞬即逝，学生创新能力有没有提高？学校该负多少责任？学校管理者和教师要时时刻刻绷紧这根弦。至于涉及与政府部门各方面关系的工作，当然也应该列入议事日程，统筹考虑，按照轻重缓急，由有关部门一一予以解决。不过，这些事情一概属于外因，不要借此分散学校和教师培养学生创新能力的精力。

第十四章
方法论教育要从中小学抓起

要普遍提高中国人的创新能力只有一条路，就是在学校普及方法和方法论教育，把思维方法教育放在比知识教育更重要的地位。

国家的强盛系于中小学教师的讲台

培养学生的创造性思维，是学校教育第一重要的任务。恩格斯说："一个民族要站在科学高峰，就一刻也不能没有理论思维。"俄罗斯教育家瓦·阿·苏霍姆林斯基在《给教师一百条建议》一文中说："给学生上一种专门的思维课……思维课的内容既包括接触周围世界的形象……也要有逻辑分析、知识探求、思维练习和寻找因果关系。"爱因斯坦也指出，"发展学生的逻辑思维、判断力"是学校应该完成的重要任务 [1]。

---

[1] 苏振芳：《创新思维方法论》，社会科学文献出版社 2013 年版。

2021 年，华为掌门人任正非先后接受了英国、加拿大、美国多家媒体的专访。在这几次采访中，任正非发表了很多真知灼见，他说："一个国家的强盛，是在小学教师的讲台上完成的。"这句话包含两层意思：基础教育是人才成长的起点；创新人才来自创新的基础教育。

目前中小学语文课本里虽有一些思维方法的内容，但数量太少，不成系统，对思维方法的解读也不甚明确。比如"晏子使楚"使用的是演绎法，"田忌赛马"使用的是对弈法，"曹冲称象"和"草船借箭"使用的是化归法，"司马光砸缸"使用的是逆向思维，等等。但是，课文后面的解读都是语文知识的解读，没有方法的解读。本来可以是一堂很好的方法课，结果只有语文知识，方法智慧被束之高阁。

自然科学的内容虽然包含了不少思维方法，但都是按照科学领域内容安排结构，需要什么方法才会用到什么方法。方法是产生知识的工具，招之即来挥之即去。知识（定理公式等）产生的过程结束了，方法就离开了。如果知其然更要知其所以然的话，方法则是生产知识的思维工具，学生学习知识，更要深刻认识怎么运用这些思维工具去生产知识。

这就像牛顿最初学习欧几里得几何学一样，他知道这些定理和公式，觉得很简单，已经记住了。可是，巴罗教授却指出他不懂得推出这些定理和公式的三段式演绎法，遇到需要使用演绎法来证明另外的定理的时候，就不知道怎么办。牛顿这才懂得，记住定理公式其实不重要，掌握证明定理的过程和方法更重要。

美国中小学的说理方法教育

这里介绍一篇徐贲的文章:《学会讲道理：向美国基础教育学什么》。徐贲，1950 年出生于苏州，美国马萨诸塞州大学英语文学博士，美国加州圣玛利学院英文系教授，复旦大学社会科学高等研究院兼职教授，为《南方周末》《新京报》《经济观察报》《中国新闻周刊》等写过专栏文章。作者在美国教授说理写作 20 余年，深谙说理教育的培养之道。他在《学会讲道理：向美国基础教育学什么》一文中说："说理的习惯如何养成呢？不妨以美国现有的公共说理教育为例，大致说一说可借鉴的实践经验。"以下是此文的部分摘录：

美国公立学校的教育中，公共说理教育其实从小学一年级就已经开始，只是对低年龄的学生没有明确提出"说理教育"的说法。例如，《加州公立学校幼儿园至 12 年级阅读和语言艺术（教学）纲要》对小学五个年级的"说理"有具体的要求：

小学一年级："重述简单说理和叙述段落中的主要观点"；二年级"重述文本中的事实和细节，说清和组织要说的意见"；三年级"在说理文中区别主要观点和支持这些观点的细节"；四年级"区别说理文本中的'原因'与'结果'、'事实'和'看法'之不同"；五年级"分辨文本中的'事实'、'得到证明的推论'、和'看法'（尚有待证明的观点）"。而五年级第一次明确"说理评估"（expositorycritique）的要求。

小学五年级以后，初、高中阶段一直继续用"说理评估"作为一项基本阅读要求，其中又以六年级最为关键。

在五年级的基础上，六年级阶段对学生"说理评估"能力有了系统要求：

一、判断作者结论所用论据的合适性和恰当性；

二、用准确、有说服力的引述与合理陈述观点；

三、察辨文本中缺乏论据支持的推理、谬误推论、说辞和宣传。

在具体教学中，六年级公共说理分为两个部分：

一、辨析"逻辑谬误"；

二、提防"宣传"。

要辨析的逻辑谬误又分五种：过度简单化、浮泛空论、巡回论证、虚假两分法、无凭据推理。

要提防的宣传手法有十种：人云亦云、谩骂、偏见、势利、老百姓的话、吹嘘、"科学"根据、证词、恫吓战术、株连。

这两部分的内容在有的教科书中合并为"逻辑谬误"，因为"宣传"本来就是一种利用一般人逻辑思考弱点和缺陷的"误导"话语。这两项都需要在实际阅读中通过感性、具体的实例，不断让学生讨论和加深印象。

六年级的公共说理重点在于区分"事实"和"想法"。

"事实"是公认的知识，而"想法"只是个人的看法。

任何"想法"都不具有自动正确性，必须经过证明才获得正确性。证明也就是说服别人，清楚告诉别人为什么你的想法是正确的，理由是什么。想法必须加以证明，提供理由。

四种常用的理由是：事实、例子、数据、专家意见。

六年级的公共说理教育强调"客观事实"与"个人看法"之间存在着两种辨认方式。

一、"事实"的陈述是可以确认的，如"林肯是美国总统"。而"看法"的陈述则必须通过说理、讨论才能确认，如"林肯是一位伟大的总统"。

二、事实陈述使用那些具有可共同确认词义的字词，如"圆形""欧洲""木头""有毒物质"等。而"看法"使用的字词是个人理解的，如"美好""丑陋""棒"、"爽""折腾""胡闹"。归纳起来便是，事实说："请你核实"；看法说："我说对，就没错。"事实陈述是谦虚的、协商的；而看法陈述则是傲慢的、独语的。

七年级对学生"说理评估"能力的要求是：

"评估作者在支持结论和立场时所用的论据是否适当、确切、相关，并注意有偏见和成见的例子。"其中注意"偏见"和"成见"是新要求，也是从形式逻辑向社会公正内容过渡。

八年级则要求复习六、七年级的"说理评估"，重点在"评估文本的统一性、连贯性、逻辑以及内部的一致性和结构"。

七年级和八年级读物内容比六年级要深，所分析的不当推理和谬误论述也更为复杂。例如，八年级课本中已经有美国经典作家的作品。在阅读作家埃德加·爱伦·坡作品的时候，课本中有一篇含有说理谬误的评论，评论写道："爱伦·坡的小说、诗歌写的全是心智不宁，甚至疯狂的人物。"

教师会告诉学生：这里犯了"普遍泛论"的谬误。常见的泛论表述法包括"每个……""所有的……""大家都……""总是……"这一类用词。评论还写道："自己精神没有问题的作家是写不出这种故事的，不然爱伦·坡又如何能体会什么是疯狂。"这里犯的是"虚假对立"的逻辑谬误（要么"疯"，要么"不疯"）。其实，作家写疯子可以运用想象，不一定自己非要是疯子不可。再有，评论写道："我们知道，作家都有些怪，特别是那些写恐怖故事的作家。""我们知道"类似"毋庸置疑""众所周知""大家都知道……"，犯的是"本来就有问题"的逻辑谬误，因为"所知道"的恰恰是有待证明的。

高中对学生的"说理评估"能力要求比初中有所提高。高中分两个阶段。

第一个阶段是九到十年级，"说理评估"要求在说理中必须有对方意识，懂得说理是"对话"，不是"独语"。说理文写作除了形式逻辑，还要讲究结构逻辑（例如，文章不同部分的顺序、逻辑过渡）、能够预先估计和避免读者可能会有的误解。此外，还要求学生注意概说和论据之间的关系、正确理解论据（不望文生义、不曲解、不断章取义）、弄清不同文本的结构、语气、读者（如学术刊物、报纸评论、政治演说等等）。

高中第二阶段是十一到十二年级。这个阶段的"说理评估"对象是"公共文件"（publicdocuments），例如：政府的文告、政策说明、政党文宣、公共服务部门的宗旨、规章、条例、商贸和招聘信息等。当然，一切发表了的东西，只要议及公共话题都是公共文件，这也就涵盖了很大一部分出版物。这些出版物既然都是公共文本，就必须接受公众的"说理评估"。凡是印成铅字的，并不一定就在道理上说得通，这是反复进行的"说理评估"要告诉学生的基本道理。

公共说理写作在许多大学里是一年级学生，不管是文科还是理科的必修课。与中小学时期写作仅是英文课一部分不同，大学里开设有专门的写作课。许多大学写作课有一学年的内容，第一学期注重于基本写作技巧，如描写、叙述、比较、说服、辩诘、评述。第二学期则完全是"说理写作"（expositorywriting），说理写作又称"分析与研究"。大学生修各种课程，基本上都要写"论文"。"说理写作"是为了帮助学生提高普遍论述能力，不仅是专业写作，而且也是社会生活中的公共说理。

总之，在美国学校里，从小学到初中高中再到大学，有一个持续的说理教育过程。从小学四年级算起，光必修课就有 10 年。这其中尤其重要的是初中 3 年，这个时期的学生，教育可塑性最强，有自然的好奇心和求知欲，而且能很快将学到的知识吸纳并转化成为习惯。

从这篇文章可以看出，美国所谓的说理教育，是以逻辑思维方法为基础的，其实还包含了大量的科学方法。从文章的前后叙述中，就有演绎法、归纳法、分析法、因果关系、比较法、证明方法、批判性思维等。

更能说明问题的是，文章有两处使用笛卡尔方法论。一处是："任何'想法'都不具有自动正确性，必须经过证明才获得正确性。证明也就是说服别人，清楚告诉别人为什么你的想法是正确的，理由是什么。想法必须加以证明，提供理由。"另一处是："这些出版物既然都是公共文本，就必须接受公众的'说理评估'。凡是印成铅字的，并不一定就在道理上说得通，这是反复进行的'说理评估'要告诉学生的基本道理。"这两处都是笛卡尔所说的"先怀疑，然后使用演绎逻辑推理证明"，证明是真理的才相信。

从这里也可以看出，美国的方法教育是循序渐进的。随着学龄的增长，知识的积累，逻辑思维的要求会逐步提高。因为思维方法的教育是一种能力的培养，不是一蹴而就，而是逐步提高。

应该加大小学方法教育比重

小学教育是一个人学习知识的开始，也是认知世界和事物的开端。既然要教会学生关于某个事物的知识，不妨将认识这个事物的思维方法一并教授。事物产生和形成的过程，本来就是运用某一方法去认识的过程。所以，知识和方法同时教学，就会让学生不仅懂得了知识，也学会了总结知识的方法，一举两得。知其然并知其所以然，乃是最好的教学方法。

小学教育的改革，最终是要在小学教育阶段开设思维方法课。在条件还不完全成熟的现阶段，可以在小学语文课的教学中大幅增加思维方法的内容，适量减少其他内容，比如用三分之一的课文讲思维方法。现在小学的语文课本中，古典诗词的比重很大，其实，与古典诗词相比，思维方法更容易为学生所接受。因为古典诗词文字精炼，个中意境需要大量知识才能解释得贴切透彻，教师往往采取类比法，让学生靠悟性去领会，小孩子只能死记硬背。思维方法就不一样了，不仅易懂，也容易操作。

关于小学生思维方法的学习，哲学中各个领域普遍适用的方法，除信息论、控制论、功能结构等较为复杂的方法外，教师均可安排讲授，如演绎法、归纳法、观察法、实验法、抽象与概括、比较与分类、时间与空间、分析与综合、系统方法、统筹方法、模型方法、整合法、博弈法等。

每一个方法的学习，除了这个方法的基本知识外，还应该介绍这一思维方法产生和形成的过程；其在自然科学和社会科学发展史上建

163

立的功绩；运用这一思维方法解决实际问题的各种事例；举出各种各样错误使用这一思维方法的事例，可以更好地帮助学生加深对思维方法真谛的理解，防止今后在运用的过程中重蹈别人的覆辙。作业的布置也应尽量鼓励激发学生的主动性，比如演绎法的作业就可以这样布置：请你以央视一频道某一期《今日说法》为例，说明公安人员在办案过程中做的一个三段式演绎法。央视《今日说法》中的破案过程、凤凰卫视《一虎一席谈》中的时事辩论，经常使用演绎法。课堂教学演绎法可以与这两个节目紧密结合，还可以从生活中或社会现象中选择题目，做课堂辩论。

演绎法应该作为学习方法的重点，因为现代所有的科学都是通过演绎法的逻辑推理来完成的。一个人不懂得演绎法，既不可能建立什么科学，更攀登不了诺贝尔奖的科学高峰。为了提高学生的逻辑推理能力，课堂可以组织课题辩论，学校可以组织辩论赛。

除了方法之外，笛卡尔方法论也可以在小学高年级讲授。笛卡尔方法论体系，包括怀疑一切、提出问题、提出假设假说、归纳法、演绎法、分析法、综合法、划归法、批判性思维、建设性思维、公理化证明方法等，都可以做介绍。比如如何提出问题，中国少年儿童出版社 20 世纪 60 年代编辑出版的《十万个为什么？》，就是为了启迪青少年追求真知的一套科普丛书，影响并引导几代人走上探索科学的道路。教师不仅要辅导学生阅读和回答十万个为什么，更要启发学生在工作和生活中碰到具体问题的时候能举一反三，学以致用，提出几个为什么，并且按照笛卡尔方法论的思维路线去解决这些为什么，最后拿出与众不同的解决方案，也就是找到真理，这才算是真正读懂了

《十万个为什么》。

　　犹太人的聪明和智慧举世闻名，一个重要原因就是他们重视教育方法，从小学起，教师和家长就鼓励孩子提问题，而且要不断提高提问的水平。我们的学校应该建立激励学生提问题的教学制度，把学生提出的问题记录在案，最后作为孩子学期总结的一项主要内容。问题是思维的起点，发问对于培养孩子非常重要，要想激发孩子的潜能及创造力，教师必须掌握向孩子发问的形式和技巧。

　　学问学问，既要学也要问。怎么提问？简言之就是怀疑什么就问什么。随着年龄的增长，从低年级到高年级，提的问题要从简单到复杂。从提出的问题就可以判断学生的水平。如果能够提出连老师都回答不出来的问题，说明这个学生已经具有很强的思考问题的能力。即使是学生与家长一同商量讨论出来的问题也应该受到鼓励，因为学生通过讨论同样达到了学习的目的。

　　证明命题，在笛卡尔方法论中是指决定提出的假设是否为真理。所以，在小学阶段就应该培养孩子懂得证明命题的重要性，以及如何使用公理化方法证明命题；可以在小学高年级安排学习欧几里得几何学的一些内容。

　　互联网将我们人类带入了海量信息时代，信息不仅多得读不完，而且鱼龙混杂，良莠不齐，有用的信息往往夹杂在大量的垃圾信息中，让很多难辨是非的人无所适从，甚至迷失方向。笛卡尔方法论也是辨别真伪的方法论。教师可以从客户端选择一些信息，与学生一起使用演绎法证明信息的真与假，提高学生辨别真假的能力。

　　中国孩子大都从小就听过曹冲称象、司马光砸缸的故事，其实这些故事也是笛卡尔方法论中化归法的典型例子。化归法是一种分析问题、解决问题的基本思维方法，化归的原则是以简单、具体、特殊、基本的知识为基础，将未知的化为已知的，复杂的化为简单的，从而得出正确答案。

"曹冲称象"说的是有人向曹操进献一头大象，曹操想称一下这个庞然大物到底有多重，问大臣有什么办法。一位大臣说，可以砍倒一棵大树来制作一杆秤。曹操摇摇头，即使能造出可以承受大象重量的大秤，谁能把他提起来呢？另一位大臣说，把大象宰了，切成块，就很容易称出来了。曹操更不同意了，他希望看到的是活着的大象。这时候年仅 7 岁的小曹冲出了个主意：把大象牵到船上，记下船边的吃水线，再把象牵下船，换成石块装上去，等石块装船达到同一吃水线时再把石块卸下来，称出石块的重量，就得到了大象的重量。曹冲的办法，就是化整为零的办法。

"草船借箭"也是一则脍炙人口的故事。诸葛亮通过搭草船的办法向曹操借箭，将制造 20 万支箭的问题转化为一个气象问题得以解决，是化归法的一个经典案例。但长期以来，课堂的讲解多突出故事性和趣味性，即使讲方法也局限于技术性，而非哲学方法，是"术"不是"道"，是方法的低层次，不能从宏观思维的高度培养学生的创新智慧。

如果我们在小学阶段都可以完成几十首难以理解的古典诗词的教育，那么完成普适方法特别是逻辑思维方法的初步教育和训练，也应该不成问题。现在学生中涌现出不少诗词爱好者，那么，通过几年思维方法的教育，出现一些钻研思维方法的优秀学子应是顺理成章之事。

中学应开设科学思维方法课

中学阶段应该专门开设科学思维方法的课程，完成方法和方法论的系统教育。科学思维方法分为两部分：一是方法，二是方法论。

科学方法部分除了讲解每种思维方法的概念、基本知识及这一思维方法产生和形成的过程，还要详细介绍这一方法在自然科学和社会科学中取得的重大成就。

比如自然科学史上著名的发散思维案例，就是开普勒研究第谷观察到的 750 颗行星的运动规律。长期以来，天文学家们普遍认为行星运动的轨迹是受太阳引力的影响，所以做的都是圆周运动。第谷研究了 20 多年，一直固守在圆周运动这个结论上，最终也没有搞明白为什么有些地方的数据就差那么一点儿。后来开普勒决定不走第谷思维的老路，要寻找新的路径。开普勒假设行星的运行轨道不是圆，但是轨道值又与圆相差不远，那是什么呢？一个个假设都不行，最后他想起了椭圆，对比查看火星的资料，果然就是椭圆。开普勒高兴得手舞足蹈，天体运行规律的天机终于被他识破了。

又比如海王星的发现，就是运用演绎法。1781 年发现天王星后，人们注意到它的位置总是与根据万有引力定律计算出来的位置不符，于是有人怀疑引力定律的正确性，但也有人认为，这可能是受另一颗尚未发现的行星所吸引的结果。当时虽有不少人相信后一种假设，但都缺乏去寻找这颗未知行星的勇气，因为这是一件非常艰难的工作。

167

初生牛犊不畏虎，一位年仅 23 岁的英国剑桥大学的学生亚当斯勇敢地承担了这项任务。他利用引力定律和对天王星的观察资料，反过来演绎推算这颗未知行星的轨道。经过两年的努力，亚当斯于 1843 年 10 月 21 日把计算结果寄给了格林威治天文台台长艾利，但艾利不相信"小人物"，把计算结果扔到一边，置之不理。1846 年 9 月 18 日，法国一位天文爱好者勒威耶把自己观察和研究的结果告诉了柏林天文台助理员卡勒。几天后，卡勒果然在勒威耶预言的位置上发现了海王星。运用演绎法取得的这一伟大成就，使那些最顽固的保守派也不得不相信日心说和万有引力定律。

再说证明方法。西方人编辑出版了一本书，收集了数学家和数学爱好者对勾股定理的 360 多种证明方法，这就是发散思维。一个定理在很多时候不只有一种证明方法，可以从多种途径和思路去证明，但勾股定理竟然有 300 多种证明方法，这是很多人没有想到的，说明人的发散思维的潜力是巨大的。

从 17 世纪开始，航海、天文、矿山建设等方面，都提出了如何计算不断运动变化着的量的问题。过去的数学都是常量数学，使用加减乘除、乘方开方的运算方法，就什么问题都解决了。可是，物体总在运动变化，现在仅用常量数学和加减乘除、乘方开方的方法已经远远不够，怎么办？科学家们意识到变量数学是横在他们面前的一座大山，非解决不可，为此很多科学家孜孜以求，专研这道难题。有意思的是，变量数学的运算方法——微积分最终由两位科学家几乎在同一时期内完成，他们就是牛顿和莱布尼兹。两人共同奠定了微积分学，但走的却是完全不同的两条路线。牛顿是物理学家，他从物理学出发，运用集合方法研究微积分，更多地结合了运动学，造诣高于莱布尼兹。莱布尼兹是位数学家，擅长几何学，他从几何学角度切入，将分析法引入微积分概念，得出运算法则，其数学的严密性与系统性是牛顿所不及的。牛顿和莱布尼兹两个互不相识的人，分别在两个不同的国家，没有任何联系和交流，各自使用不同的思考路径，在不同的领域从事研究，最后却殊途同归。如果说他们有什么共同之处，那就是他们都使用了同一种演绎分析方法。可以说，他们在创造微积分的过程中，对笛卡尔的方法论做了最为形象生动的诠释。

总而言之，通过思维方法课的学习，科学家使用方法和方法论建立新科学的故事，应该让中学生们充分了解，就像熟悉成语典故、诗词名句那样。

为了配合思维方法课的学习，中学阶段其他各门课程也可以在传授知识的同时，讲解这些知识产生的思维方法，让学生知其然并知其所以然。不仅如此，还要像巴罗教授教导牛顿那样，强调方法在产生知识过程中的作用，让学生牢牢掌握使用方法和方法论的艺术和技巧。考试的时候，也可以考虑把思维方法加入试题中。

逻辑思维的各种方法可以结合自然科学的内容，由浅入深地进行。如果我们的中学生都能够熟练掌握和运用演绎推理、批判性思维、发散思维、裂变式思维、求异思维等方法，创立新的科学就指日可待了。

此外，为了培养学生们的思维能力，还要理论联系实际，开展各种各样的培训思维方法的活动，将课堂学习和课外活动结合起来。

首先，学校应该鼓励开展辩论赛。不论班级、学校还是当地教育局，都可以多次组织辩论赛。奥数比赛的名次不应计入高考成绩，因为那是难题比赛，不是基础知识比赛；而省、市中学生辩论赛的前三名，可以考虑与高考成绩挂钩。

其次，学校可以成立多种多样的思维方法兴趣学习小组，根据学生使用思维方法解决实际问题的不同情况，评选出演绎明星、归纳明星、对弈明星等，以此激发学生使用科学思维方法的积极性。

第十五章

大学生要学好高等数学

　　大学阶段的笛卡尔方法论教育，应该学习西方国家的大学，将高等数学作为通识教育的课程内容。

　　高等数学是学习笛卡尔方法论的最好教材，因为笛卡尔方法论产生的源泉就是数学。笛卡尔为了找到寻求真理的方法，分析可以查到的所有学科资料，觉得都不大可靠，而数学使用的公理化方法，从已经被实践证明了的大家公认的公理出发，渐次推导其他命题，结论就不可推翻。笛卡尔总结各门数学学科的内容，都是从怀疑一切、提出问题、提出假设开始，然后经历了归纳公理、证明命题等方法论"三步曲"的全过程，最后建立起一部完整的寻找真理的学科。于是，他把这一套方法的全过程，归纳概括为"方法论"。

　　学习高等数学，可以切身感受到方法论"三步曲"的过程。如果只是学习了笛卡尔方法论的理论，很难说就会运用。理论概括得再好，与实践总是有一定的距离。

数学是人类思维的体操

"数学是人类思维的体操"，这是流传甚广的一句名言。

哲学是自然科学和社会科学的总结，哲学方法就是自然科学的方法与社会科学的方法加在一起的总和。但是，尽管哲学方法是各门学科方法的总和，实际上数学方法仍占有重要地位，数学思维方法可谓人类智慧的核心。这不是哪个人心血来潮随便说出来的，而是对西方科学技术大革命历史的经典概括。

在西方科学技术大革命中，数学思维方法对于解决各种问题不仅起到了关键作用，而且是带头作用，其他领域的思维方法都无法与之相提并论。可以说，数学思维方法是打开西方科学技术大革命的钥匙。

数学思维方法是培养人的逻辑思维能力和科学素质最好的方法，是一个现代人必须具备的基本素质。而恰恰是那些成套的数学思维方法，启发、引领哲学家们归纳总结出哲学思维方法。

哲学是来自西方的名词，而数学在西方很长一段时间都不是一门独立的学科，只是哲学的内容之一，数学是研究哲学的一个方法。后来，数学在微积分的推动下建立起一系列分支学科，形成了一个浩如烟海、琳琅满目的数学王国，其体积之庞大，学科之完善，超出许多其他学科。于是，数学渐渐从哲学的范畴里分离出来，形成了一门独立的学科。但是，数学思维方法始终是哲学思维方法的基础，这是永远无法撼动的。

数学思维方法包括抽象和概括、分析和综合、归纳和演绎、特殊和一般、整体和全息、证明和反驳等一系列方法；也包括数学归纳法、公理化法、演绎法、化归法、数学问题解决和数学模型等方法。运用高等数学的思维方法，从发现一个问题到分析这个问题，再到解决问题，整个过程明显具有系统综合性的特征，不同思维方法交互使用，逻辑思维和非逻辑思维综合运用。其他的自然科学，可以由观察、实验、统计、类比、归纳等方法得出结论；在数学中这只能算作一种猜想，猜想之后必须进行严格的演绎证明。

如果选修一门高等数学的分支学科，你可以体会到数学家如何发现问题，如何确定研究题目，如何层层分析解剖，从概念的形成、定义的提出、公理的建立，以及定理的推导，到这门学科的完善的全过程。在这个过程中，上面提到的数学思维方法几乎都被用到，有的思维方法，如演绎法，被反复运用。实际上，学习一门数学学科，相当于数学大师在给你做综合应用各种数学思维方法的示范。

当然，西方的社会科学也同样运用数学思维方法来研究社会问题。马克思就是现代思维运动后期涌现出来的、运用自然科学思维方法研究社会问题的杰出代表。

《中国学术期刊数据库》2013年第2期发表了李晓白、李理的文章《马克思、恩格斯的数学观对当前大学生的启示和指导作用》。这篇文章介绍说："在数学教育教学的改革实践中，我们愈来愈发现这样一个问题：就是当前大学生普遍存在对数学这门学科认识不足的问题，在认识上有很大的片面性。一般地把数学仅看成一门应用工具的科学，而忽视了数学更为重要的功能和作用——数学思维方法，它是一种解决实际问题的思维形式，尤其是建立某种新思想的分析和综合的方法。"

其实，这不是某一个学生的思想认识问题，而是中国社会科学普遍存在的问题。一些哲学系的学生都不学习数学，或者是简单地学习一点数学定理公式，不参与数学问题的三段式推理的证明练习，从而也就学不好逻辑推理。

思维方法的学习绝不只是听讲思维方法知识就能学会的，了解知识只是学了皮毛，关键在于训练。一是要训，二是要练。学习高等数学的思维方法，训和练都是需要的。

首先是训。训，就是教练做示范动作。比如体育老师教蛙泳，不是在课堂上比一比蛙泳的动作就行了，而是要在游泳池里将每一个动作拆开来讲解要领。我们学习数学思维方法，就是由数学大师们当教练，将在不同情况下选择什么思维方法，如何使用这些思维方法，实际示范出来。如演绎法怎么做推理，你可以看到各种情况下的演绎法，加之授课老师的讲解，你很快就能心领神会。

这样训的结果，学生对思维方法的掌握，可以用四个字概括：见多识广。

其次是练。每一堂课下来，老师都要布置作业，也即数学的练习题。高等数学的练习题很少有计算题，即便是计算题，其中也包含了证明、推导的方法。有的数学题要经过几步、十几步甚至几十步的推导过程。

实践证明，对于人的思维训练，学习其他任何一门学科，包括研究思维科学的哲学，都不及学习高等数学的效果好，因为其他学科缺少做思维训练的体操。思维方法就是思维的工具，操作工具的技术，有的简单有的复杂。如果学生经过思维方法的"体操"训练，使用思维方法也就熟能生巧，驾驭自如。

学习高等数学一定要保证做一定量的练习题。虽然不能说习题做得越多越好，但不做习题又想学好高等数学，只能算是纸上谈兵。

各种思维方法反复多次训练，什么情况下使用什么思维方法，怎样使用这个思维方法，以及什么情况下使用哪种思维方法接力或者多级跳，形成思维加工的连环套模式，等等，渐渐地就会形成一种思维习惯，而习惯慢慢就会变成一种思维素质，碰到某种情况时，一眼就可以判断出该使用什么样的思维方法，或者该使用哪几个思维方法连环接力的套餐。

数学大师们是如何建立新科学的？

笛卡尔的《方法论》提倡用严格的演绎方法来推导和建立新的科学，这个号召首先在数学领域大面积开花结果。代表人物就是瑞士数学家、物理学家莱昂哈德·欧拉（1707—1783），他在数学及许多分支中都有创造，许多常数、公式和定理以他的名字命名，其著作《无穷小分析引论》《微分学》《积分学》是 18 世纪欧洲标准的微积分教科书。欧拉还创造了一批数学符号，如 $f(x)$、Σ、i、e 等，使得数学更容易表述和推广。中国科学院数学与系统科学研究院研究员李文林说："欧拉就生活在这个分析的时代。如果说在此之前数学是代数、几何二雄并峙，欧拉和 18 世纪其他一批数学家的工作则使得数学形成了代数、几何、分析三足鼎立的局面。如果没有他们的工作，微积分不可能春色满园，也许会打不开局面而荒芜凋零。欧拉在其中的贡献是基础性的，被尊为'分析的化身'。"

欧拉的另一个重大贡献，是把数学应用到数学以外的很多领域。他把经典数理逻辑方法推至几乎整个物理的领域，还涉及建筑学、弹道学、航海学等领域。他研究天文学，与达朗贝尔（1717—1783）、拉格朗日一起成为天体力学的创立者，出版了《行星和慧星的运动理论》《月球运动理论》《日蚀的计算》等著作；他研究流体的运动性质，建立了理想流体运动的基本微分方程，发表了《流体运动原理》和《流体运动的一般原理》等论文，成为流体力学的创始人。欧拉不但把数学应用于自然科学，还把某一学科所得到的成果应用于另一学科中。比如，他把自己建立的理想流体运动的基本方程用于人体血液的流动，为生物学发展贡献了一份力量；他以流体力学、潮汐理论为基础，丰富和发展了船舶设计制造及航海理论，出版了《航海科学》一书，并以一篇《论船舶的左右及前后摇晃》的论文，荣获巴黎科学院奖金。可以说，欧拉用数学演绎的思维方法横扫整个物理世界，到处都是他分析方法的用武之地。

19世纪时，数学史上还出现了一个将分析方法严格化的法国数学家柯西（1789—1851），其最有代表性的著作是《分析教程》和《无限小计算教程概论》，著述以严格化为目标，对微积分的基本概念，如变量、函数、极限、连续性、导数、微分、收敛等给出了明确的定义，并在此基础上重建和拓展了微积分的基本理论。

柯西的研究成果在科学界引起了极大轰动。据说柯西在巴黎科学院宣读第一篇关于级数收敛性的论文时，德高望重的拉普拉斯大感困惑，会后急忙赶回家去检查他那五大卷《天体力学》里的级数，结果发现他所用到的级数刚好都是收敛的。

欧拉、柯西被科学家们尊称为"分析大师"，学习他们的著作，就会懂得什么才是分析法。人们平常所说的分析，最多只能算是一种简单的分析，数学分析大师的分析是条分缕析。

随着科学技术的不断发展，人们追求科学思维方法达到一种痴迷的程度。1880年秋天，18岁的德国数学家大卫·希尔伯特（1862—1943）即将去读大学。他的父亲是法官，希望他学习法律，而他毫不犹豫地进了哲学系学习数学。当时的大学，数学还设在哲学系内。希尔伯特选择到海德尔堡大学读书，就是因为这是当时德国所有大学中口碑最好、最富浪漫色彩的学校，特别是微分方程名家拉撒路·富克斯讲课独具魅力。富克斯每次讲课，似乎课前不做什么准备，在课堂上想到哪儿讲到哪儿，于是常常发生这样的情况：某个问题在黑板上推不下去了，他就再想另外一种方法，有时一连要换好几种方法，但他最后总能推导出结果来。他就是这样，习惯在课堂上把自己置于危险的境地。一位学生后来回忆时写道：这样的课，使学生们"得到一个机会，瞧一瞧最高超的数学思维的实际过程"。学生可以从中领悟到一个数学家是如何思考问题的，包括几经碰壁之后终于找到解法的探索过程，这在教科书上无论如何都看不到。把思考问题的实际过程展现给学生看，实际上是非常富于启发性的。

这样的训练对希尔伯特后来的成长起了很好的作用。学习数学不仅要学会一种解题的方法，而且要学会探索多种多样的解法。希尔伯特研究的领域涉及代数不变式、代数数域、几何基础、变分法、积分方程、无穷维空间、物理学和数学基础等。1899年他出版了《几何基础》，成为近代公理化方法的代表作，且由此推动形成了"数学公理化学派"。可以说希尔伯特是近代形式公理学派的创始人。1900年，希尔伯特38岁时在巴黎举行的第二届国际数学家大会上作了题为《数学问题》的著名演讲。在演讲中，他根据19世纪数学研究的成果与发展趋势，以卓越的远见和非凡的洞察力，提出了新世纪所面临的23个问题。这23个问题涉及现代数学的大部分重要领域（著名的哥德巴赫猜想就是第8个问题中的一部分），对这些问题的研究有力地推动了20世纪各个数学分支的发展。

我国现在高校的文科专业极少有开设高等数学的，以为数学只是一门计算科学，其实数学是一门最好的方法科学。民国时期的大学，包括西南联大，所有的大学生（包括文科）都是在新生院学习了高等数学之后，再到专业院系学习专业课程。

近二三十年来，诺贝尔经济学奖频频颁发给数学家。2003年的诺贝尔经济学奖得主——美国经济学家罗伯特·恩格尔和英国经济学家克莱夫·格兰杰，就是分别用"随着时间变化易变性"和"共同趋势"两种数学思维方法，分析经济时间数列给经济学研究和经济发展带来的巨大影响。至此，自1994年约翰·纳什首度因博弈论获得诺贝尔经济学奖以来，使用数学方法的博弈论已是六度获奖。

博弈论也称对策论，这种数学方法主要分析在竞争环境下最适合自己一方的策略，过去常用于政治和军事的博弈。其实，当今全球一体化的市场经济大潮，恰如波澜壮阔的博弈战场。数学家谢林从20世纪50年代开始，就把博弈论运用到了全球安全和军备控制领域。

纳什更是把数学理论应用到了"冷战"、国际贸易和商业拍卖场合。以色列的奥曼利用数学分析博弈理论，建立"重复博弈"概念，提出有短期利益冲突的双方，可以采取和平合作达到平衡的解决方案。

数学分析方法能够在许多社会科学的领域开创出一片新天地，可是我国相关人才的培养才刚刚起步。眼下，既懂金融又懂数学的复合型人才相当稀缺，而金融数学这门新兴的交叉学科已经成为国际金融界的一朵奇葩。金融数学的发展曾两次引发"华尔街革命"。20世纪50年代初期，马科威茨提出证券投资组合理论，第一次明确地用数学工具给出了在一定风险水平下按不同比例投资多种证券收益最大的投资方法，引发了第一次"华尔街革命"。1973年，布莱克和斯克尔斯用数学方法给出了期权定价公式，推动了期权交易的发展，被称为第二次"华尔街革命"，期权交易很快成为世界金融市场的主要内容。如今，金融数学家是华尔街最抢手的人才之一。美国花旗银行副主席保尔柯斯林说："一个从事银行业务而不懂数学的人，无非只能做些无关紧要的小事。"美国的芝加哥大学、加州伯克利大学、斯坦福大学、卡内基梅隆大学和纽约大学等著名学府，都已设立与金融数学相关的学位。

我国高校普遍不重视方法论教育

也许有人会说，席文举通过学习高等数学而学到了笛卡尔方法论，我国的理工科大学生大都学习了高等数学，不是也学到了笛卡尔方法论吗？为什么还缺乏创造性呢？

我国高校长期提供给理工科学生学习的高等数学教材，因为以知识教育为中心，很多内容都只是知识的介绍，缺乏定理公式来龙去脉的过程，也即缺乏如何运用笛卡尔方法论的思维过程。有的教材上有此内容，但老师不讲，老师认为只要能运用定理公式把数学题做出来就可以了，完全把数学当成一个计算工具。这样的高等数学很难培养出创造性。

师范学院数学系学习的高等数学也有问题，其培养方向是中学数学教师，由此也省略了方法论过程的内容。

所以，虽然都叫"高等数学"，已然泾渭分明。一种是讲解知识的高等数学，另一种是包含方法论的高等数学。那种只有知识的高等数学，把最重要的培养创新能力的方法弄丢了，无异于捡了芝麻丢了西瓜。

初等教育忽视方法论教育的例子是"晏子使楚"，明明演绎法就在面前，就是不讲演绎法；高等教育忽视方法论教育的例子则是高等数学，明明笛卡尔方法论就包含在高等数学之中，却偏偏绕开它。本来，学生们距离方法只有咫尺之遥，再跨一步就进入方法的境界，这时候却弃之不顾。何以造成这种情况？不是别的什么原因，是我们的教育界不懂得方法和方法论的重要性；是只知道知识就是力量，不知道方法和方法论才是更了不起的巨大力量。我们教育的悲哀，即在于此。

不久前，我的一位亲戚考入医科大学，我问他学不学高等数学，他说要学，叫《医用高等数学》。一听书名就知道还是围绕医学的高等数学知识，没有"建立科学的科学"的笛卡尔方法论。我对他说：

"你还是无法学到真正的高等数学。"

重新编写贯穿方法论的《高等数学》

无论是理工科学习的《高等数学》，还是文科学习的《高等数学》，都必须组织力量重新编写。新编《高等数学》的指导思想，既要有专科学生需要的专业数学知识，更要有培养创新能力的方法和方法论。

以曲面几何为例。学习高等数学中的曲面几何，不仅仅是要掌握曲面运动的定理公式，准确计算出需要的航空航天的各种数据，更要知道数学家运用笛卡尔方法论三步曲建立曲面几何的全过程；既包括意大利数学家萨凯里对平行线公理提出的质疑，也包括两百多年以后俄罗斯数学家罗巴切夫斯基提出的通过不在直线上的一点可以引两条平行线的新公理。

为了帮助学生们理解笛卡尔方法论各个过程，教材一定要在体现笛卡尔方法论的相关地方给予重点解读，以加强学生对相关方法和方法论的印象和记忆。

当然，在不同的数学分支中，笛卡尔方法论三步曲的表现形式和重点不尽相同，有的重点在提出问题，有的在演绎推理；有的重点在分析综合，有的在划归法。数学家们八仙过海，各显神通，方法论也就姹紫嫣红，百花齐放。这样的高等数学教材，对于学习方法论的学生更易入脑入心。

有人问：为什么西南联大能够培养出诺贝尔科学奖获得者？究其

原因，根本在于民国时期的大学，无论文科还是理科，都开设了高等数学，也就是说学生们都学到了高等数学的方法和方法论。那时高等数学的教材都来自美国，对学生进行方法和方法论的训练十分到位。

我在四川大学数学系有个同班同学叫刘蓉丰，其父于 20 世纪 40 年代毕业于哈佛大学数学系，后担任四川大学新生院院长。据刘蓉丰讲，考入四川大学的学生都是先进新生院学习两年，主要学习课程之一就是高等数学。院长亲自给新生上高等数学课，两年后考试合格再填写专业志愿，进入分科学习。

第十六章

保证方法论教育的两大措施

为了将方法论教育落实到位，保证每一个学生都能建立一个现代化思维方法库，拥有很强的创新能力，必须采取两大措施：一是重编一套方法和知识并重的教材；二是培养一支方法论过硬的教师队伍。

重编一套方法和知识并重的教材

教材是教学中的核心，既是教师教课的依据，也是学生学习的依据。没有教材或不依赖教材的课堂，教学就会失去方向，教学质量也就没有了根基。课本课本，乃教与学之根本。

为什么教材是比教师更重要的因素？因为学生在没有教师的时候，依然可以捧着教材继续学习。教师不在，教材就成了老师，教材可以一直伴随着学生。

20世纪20年代，初中毕业回家看杂货铺的华罗庚开始自学高中和大学课程，5年下来，他不仅完成了大学教育，而且不断在杂志上发表论文。清华大学算学系主任熊庆来对华罗庚论文的推理拍案叫绝，华罗庚自此走进清华大学。后来，华罗庚论文的论证过程受到英国数学家诺伯特·维纳的大加赞赏，华罗庚得以进入剑桥大学继续深造。华罗庚在剑桥发表15篇论文，在世界数学界享有盛誉。事实证明，教材是华罗庚学习的老师，华罗庚是从教材里走出来的数学家。

中国的学校要想培养出站在世界前列的创新人才，首先必须编写出充分体现方法智慧、能培养学生创新能力的教材。

方法和知识并重，用科学方法和方法论统率知识，培养学生的创新能力，乃是编写教材的指导思想。教材除了系统地阐述各门学科的基础知识外，更要注重方法和方法论的解读，培养学生使用方法和方法论的能力。

以往的教材都是以知识教育为中心，新编教材要将方法智慧融入知识产生的过程中去，这就要求在原来编写教材班子的基础上，吸收懂得方法和方法论的人士。如何将方法和方法论的内容贯穿到课文中去，又收到出奇制胜的效果，这本身就是对方法智慧的考验。

首先要编写好小学的语文课本。因为小学没有专门的思维方法课，语文就要承担方法和方法论教学的任务，对原来的教材做较大调整。应该结合课文的内容，介绍和解读基本的哲学思维方法。这首先需要做一个统筹规划，哪些方法在前，哪些方法在后，循序渐进，由浅入深，层层递进。孩子们第一次走进知识和科学的大门，好奇心、求知欲都很强，既是学习知识的大好时机，也是学习方法的黄金时代。教材要根据这个时期孩子的特点，让孩子们逐渐明白，科学方法是认识世界的绝妙工具。语文课相当于知识和方法的启蒙课，要让孩子们在小学毕业时，对思维方法和方法论基本上能有一个初步的了解和认识。

前文提到徐贲介绍美国的公共说理教育，将各种方法都归纳为说理教育，强调每提出一个结论，一定要说出充分的道理。其实这就是笛卡尔方法论的要求。讲道理的过程主要是逻辑推理，但在逻辑推理的分析中，可能涉及各种不同的方法。所以，新编语文课本可以按照哲学方法的体系，对方法做系统介绍。

相较于语文，小学数学课的教材调整要容易一些，只需在原有数学教材的基础上加入对方法的解读，也就是对所以然的解读，这样一来，学生对知识的理解会更加深入。小学高年级的数学课可以适当选择欧几里得几何学中浅显一点的内容，学习演绎法的逻辑推理。

中学应当开设专门的思维方法课，教材要注重加强各种思维方法的训练，特别是逻辑思维的训练。随着年级升高，学生逻辑思维的水平如何提高，值得认真探索。一定要把科学技术大革命中科学家们使用笛卡尔方法论建立一门又一门科学的经典案例逐一进行介绍，让学生了解各种思维方法，并熟练运用。

中学的其他课程因为不直接担任方法的教育，可根据教学的不同内容，做"所以然"的方法解读，把方法和方法论的教育贯彻到内容教学中去。

大学生的方法论教材主要是高等数学。理工科学生的高等数学教材必须充分体现笛卡尔方法论，文科学生的高等数学教材也是如此，只是高等数学的论证过程可以适当降低一些难度，让学生体会到是怎么回事即可。其他专业课教材，自然也是对相应内容做方法论的解读。

现代科学思维方法是一个体系，从小学、中学到大学，教材要逐步加深，特别是对于运用广泛的演绎法、分析法、证明方法、批判性思维、建设性思维等，要反复强调，不断训练。无论什么教材，课文后面的练习题既要有知识的练习题，也要有方法的练习题。

编写大中小学教材是一项重大工程。在中国历史上，汉朝为了编纂《黄帝内经》，组织了3000多人的队伍，历经几十年时间始成。编写大中小学的教材就需要有这样一种精神。

培养一支方法论过硬的教师队伍

培养学生创新能力的另一个重要因素是教师。相对于教材来说，教师是更加活跃的因素。因为他直接面对学生，可以及时发现和解答学生提出的各种各样的问题，可以在学生的思维过程中起到启发、诱导和推动作用。

牛顿学习欧几里得几何学，开始只记住定理公式等结论，却不知道证明定理的演绎法，而演绎法是学生必须掌握的最重要的方法，不懂得演绎法就不能论证现实中遇到的其他问题。是巴罗教授发现和指出了牛顿忽视方法的问题，才使得牛顿走上学习方法的光明大道。如果没有巴罗教授的指引，牛顿可能永远无法攻克万有引力。

能不能把学生培养成为创新型人才，教师起着重要作用。如果教师都不懂得笛卡尔方法论，学生怎么学得会笛卡尔方法论？有人说现在中国搞的是博士大跃进，每年毕业的博士数量远超美国，中国已经成为博士生产大国，为什么还拿不下诺贝尔奖呢？根本原因就是博士知识渊博，方法薄弱，博士变成了薄士，自然没有多少创新能力。博士没有创新能力，是因为教他们的导师不懂得笛卡尔方法论。所以，培养学生的创新能力，得从培养和提高教师的方法论思维素质开始。

中国的教育要想从以知识教育为主，转轨到以方法论教育为主，首先是教师必须完成这个转向。遗憾的是，现在的教师队伍大都没有学过方法和方法论，所以，提高现有教师队伍的方法论水平迫在眉睫。就目前情况而言，教师只能是边学边教，现炒现卖，逐步提高，争取在较短的时间内达到所要求的水平。

每一门学科知识都包含若干方法和方法论的运用，都有一个"知其所以然"的问题。所以，凡是教师，不论是大学、中学还是小学教师，也不管教什么学科，都应该懂得方法和方法论，并将方法和方法论的教育贯穿到教学过程中，努力将知识和方法融为一体。

培养一支方法论过硬的教师队伍是一项十分艰巨的任务，但无论如何艰巨，都要想尽办法尽快实施。因为只有教师队伍的方法论水平提高了，中国学生队伍的现代化思维方法库才能建设成功，而这也是提高教师整体队伍水平的良机。

第十七章

倾力打造方法论学习书库

中国人营养不良？

据报载，犹太人平均每人每年阅读 65 本书，而我们中国人平均每人每年阅读 5.14 本书，其中还包括教科书和教辅用书。问题在于，国人不仅书读得少，有关思维方法的书籍阅读率更是几近于零。

美国、日本、以色列、德国等国家，人均阅读量都大大高于中国，而且思维方法类图书占比很高。在很多国家，思维方法类图书成为畅销书，比如美国，畅销书中很多是科幻小说、推理小说及训练逻辑思维的小说。我国出版的思维方法类书籍极少，可以说是稀缺产品，这主要是因为能写出方法论的人很少。

很多人都知道日本这些年来几乎每年收获一个诺贝尔奖，可是很多人不知道日本人有阅读思维方法类图书的习惯。近些年在日本畅销的图书中，就有大前研一写的《思考的技术》。这本书甫一问世，就受到读者的追捧，4 年中重印 30 余次。《思考的技术》讲的是在这个激荡的新经济时代，思考力跟不上时代的人，将会被社会淘汰，而思考力的倍增将得到千倍的回报。

大前研一于 1943 年出生于日本福冈县，毕业于早稻田大学理工系，后获得东京工业大学原子核工科硕士学位、麻省理工学院原子力学工科博士学位。曾任麦肯锡咨询公司日本分社社长，1994 年辞职，之后担任跨国公司和亚太地区国家经济顾问。他大胆地提出"无国界经济学"和"地域国家论"的观点，被英国《经济学人》杂志评为"全球五位管理大师"之一，享有"日本战略之父"的盛誉。

《思考的技术》一书主要探讨解决现实问题的思维方法。比如，分析问题的过程中，一定要分清现象和原因的区别；很多时候调查到的现象不是真正的原因；真正的原因可能只有一个，要大胆假设，小心求证，亲自调研去验证；预测未来几年后的商机，最好的办法就是对功能进行拆分后，分别预测趋势。

大前研一训练自己思考能力的方法是：看到身边的事物就问问自己，如果这个问题交给你，应该从哪些方面着手。渐渐地，你的思考力就会得到提升。

《思考的技术》的前言有一个醒目的标题：《思考力差距化的时代》，该文说，现在进入了人与人拉开差距的时代，拉开差距的就是思考力。思考力决定竞争力。大前研一主张要对自己的思维不断加以训练，仅仅遇到问题就做思考还不够，应该形成思考力。他建议一个人碰到问题时，要能够对整个问题的前因后果进行系统分析：当前出现了什么问题，原因何在，产生了什么样的后果，接下来该如何解决，方案是否可行等，要使用逻辑思维的方法来追本溯源，求得问题的圆满解决。这其实就是笛卡尔方法论的认识路径，虽然这不是轻而易举就能够做到的，却是可以通过学习培养出来的能力。

但是，尽管人人都在思考，却未必人人都知道思考也是需要技术的，不然，人与人之间的差别怎么会那么大？为什么有些人的思想火花能形成燎原之势，创造出辉煌的事业和不朽的业绩，有些人的思想火花只是一闪而过？其实，大前研一所说的思考力，就是一个人的思维方法库。

大前研一的另一本著作《低智商社会》与《思考的技术》构成姊妹篇。《思考的技术》讲如何增强思考力，《低智商社会》批评那些不思考也不学习，不懂得如何提高思考力，造成社会上的低智商人群的现象。

大前研一在《低智商社会》中主要分析日本社会各种各样的低智商现象，也顺便提及在中国的见闻。他说，在中国旅行时发现，书店寥寥无几，中国人均每天读书不足 15 分钟，人均阅读量只有日本的几十分之一，中国是典型的"低智商国家"，未来毫无希望成为发达国家。

这段话可能会刺痛不少中国人的心，有些人会不服气：不就是读书吗？单凭这一点，怎么就能判断"中国是典型的'低智商国家'，未来毫无希望成为发达国家"呢？你们就是不希望中国和平崛起，中国现在发展了，你们就用这样的心理妄加评论。

我们理解部分国人的民族情感，但大前研一说得不是完全没有道理。读书标志着一个国家文化和文明的高度，读什么书更体现出一个国家的教育程度和智力水平。要想成为发达国家，我们真得用心学习方法和方法论的书，这是提高国民智商的有效途径。

中华民族的复兴靠的是国民素质的整体提高，而非仅靠少数精英把尖端技术搞上去。如果大多数人不努力提高思维能力，天天沉浸于碎片化的信息中，也是在拖精英们的后腿。

大前研一在《低智商社会》中还说："现在的电视上尽是些猜谜和笑话之类的节目，观众整天沉浸在这种环境中，想不失去思考能力都难。"这句话的意思是，媒体提供什么样的内容，受众就呈现什么样的思维能力，受众思维水平与媒体思维水平成正比。

以我们的电视台为例，各类知识竞赛不少，但没有方法竞赛，就连名牌栏目《百家讲坛》也都是知识讲解，很难看到方法的解读。一些媒体有意无意地营造了一种娱乐至上的氛围，这种现象是学校教育只有知识教育而无方法教育的折射。

电视台举办中国汉字大会、成语大会、诗词大会等，无可厚非，甚至值得喝彩，中国几千年灿烂文化，这类竞赛节目完全可以做到丰富多彩，琳琅满目。我想说的是，电视台在举办这些活动的同时，也应该打造几场全民参与的思维方法盛宴。如果举办一些诸如科学思维方法大会、演绎法大会、思维现代化大会、对弈法大会之类的节目，岂不是可以推动中国人思维方法库向思维现代化大踏步迈进吗？现代科学思维方法在人类科学技术大革命和生产力大革命（工业革命）中，发挥的作用犹如拨云见日，让真相大白于天下。一个思维方法打开一个世界，建立一门科学的故事比比皆是，那是人类科学文化的精华。既然你可以记住《盗梦空间》中莱昂纳多饰演的主角用来分辨真实与梦境的道具是什么，那么，你一定可以记住牛顿在论证万有引力的时候使用了哪些思维方法，如同背诵诗词名句、成语典故那样，不仅要了如指掌，还须学习模仿，运用自如。

编辑出版普适方法学习丛书

为了普及方法和方法论，方便广大读者学习科学方法和笛卡尔方法论，改变目前相关图书稀缺的现状，应该下功夫编辑出版方法论学习丛书，一套普适方法学习丛书，一套方法论学习丛书，既可以作为学校学习方法和方法论的参考教材，也可作为公务员、企事业员工和普通读者学习方法和方法论的参考读物。

哲学方法中的普适法，是学习笛卡尔方法论的基础，是各领域普遍适用的经典方法，如演绎法、归纳法、观察法、实验法、抽象与概括、分析法、综合法、发散思维、收敛思维、裂变式思维、聚合思维、逆向思维、假设法、公理化法、反证法、化归法、批判性思维、建设性思维、系统论、控制论、信息论、统筹法、功能结构等，可以考虑将每一种思维方法编写一本书。

为了达到学习和培训的目的，每本书的内容应该包括：

1.这种思维方法的概念和基本常识。

2.思维方法产生和形成的过程。

3.思维方法在自然科学和社会科学领域的贡献。

4.运用这一思维方法解决实际问题的各种案例。

5.同时列举使用这一思维方法失败的事例，并指出错误所在。

6.出一些练习题，并给出参考答案，让读者在阅读的时候做练习。

之所以要讲述这一思维方法在各领域运用的成功案例，主要是让读者知道这种思维方法的运用非常广泛，从而获得启发。

列举各种各样的错误事例，可以更好地帮助读者加深对思维方法真谛的理解，防止今后在运用过程中重蹈别人的覆辙，从错误的事例中吸取宝贵教训。

通过正反两方面事例的学习，加上一定习题的练习，对一个思维方法的运用训练，比仅仅了解一点知识更加让人受益。一本书读完，就可以熟能生巧，从而灵活运用了。

出版一套笛卡尔方法论学习丛书

笛卡尔方法论学习丛书可分为两部分：一是科学家们运用笛卡尔"建立科学的科学"的方法论，在各领域建立起自然科学的不同门类，因而促成科学技术大革命；二是科学家们运用笛卡尔方法论，攻克一个个重大的科技难关，获得诺贝尔科学奖。这是对一百多年来诺贝尔奖的一次总结和检阅。

西方现代自然科学和现代社会科学的各门学科都是运用笛卡尔"建立科学的科学"方法，一步步建立起来的。而多数中国人没有学过、也不懂得笛卡尔的方法论，有些人虽然也系统学过某一门学科，但对于建立学科的科学规律并不了解。这套丛书应该成为想建立学科学问的中国知识分子的学习教材，即使对于普通人来说，也可作为学习现代思维方法和笛卡尔方法论的有益读本。

一百多年来，诺贝尔奖得主绝大多数来自大学。在获得诺贝尔奖前30所大学里，仅美国就占了近三分之二，19所大学榜上有名，体现了美国的教育水平和人才实力，其经验和方法值得我们的大学教授学习借鉴。

组织庞大的力量编辑方法论书库

方法和方法论学习丛书，靠几个人是编不出来的，因为这需要编写者不仅具备广博的知识，还要有不同学科的专业知识。因此，必须下决心组织一支专门团队来进行方法论学习丛书的编辑工作。相信有了这套学习丛书，我们就可以补上西方科学技术大革命那一课，普通人就会知道该如何去学习和运用笛卡尔方法论了。

此外，为了推动孩子们学习笛卡尔方法论，学校可以举办方法和方法论的比赛，推而广之，还可以在全国范围内举办大中学生的方法和方法论比赛。对这些东西，要像背诵古典诗词名句、成语典故那样，如数家珍，了如指掌，并在实践中运用自如。

为了适应新时代，满足更多受众的需要，这套丛书还可以加工制作成影视、游戏、微信、视频等多媒体形式的作品。

近些年来，我国政府一再倡导创新、创业，但没有方法和方法论便无从入门。所以，这套丛书不仅可以作为学校教师和学生学习的参考用书，还应该推广普及到社会的各个层面，让人人学习、读懂、会用，形成一个读书风气，"熟读方法论三百例"，久而久之，自然会收到"熟读唐诗三百首"的效果。当越来越多的人喜欢钻研方法和方法论，中国人的创新能力将会大幅提高。

第十八章

教育改革的系统工程和主体工程

培养创新能力的系统工程

通过方法和方法论的教育培养学生的创新能力，是教育改革的系统工程。要完成这个系统工程，编好一套方法和知识并重的教材，培养一支方法论过硬的教师队伍，编辑出版一套供学生参考的方法论学习丛书，都是必不可少的措施。不是单靠哪一项措施就能在短时间内大见成效，而是要环环相扣，长期坚持。

培养学生的创新能力是一场教育战线的接力赛，每一阶段都要根据学生的年龄和理解能力，为培养学生的创新能力添砖加瓦。小学教育不仅是知识的启蒙，同时也要完成方法的启蒙；中学阶段需更进一步，完成方法和方法论的全面教育，学生要对科学方法和笛卡尔方法论了如指掌；大学阶段，在学习高等数学、熟悉数学家们"建立科学的科学"的方法论基础上，可以使用方法论对专业领域的问题发起冲击。

小学、中学、大学，每个阶段都有各自的任务，教育局应负起监管的责任。而作为老师，要为提高学生创新能力做出贡献，可以在所教授的课程里找出使用方法和方法论的知识。

在此要特别说一说研究生教育。顾名思义，研究生就是做研究的。发达国家的大学中，凡是带硕士生、博士生的指导教师都有研究任务，不仅要有研究课题，而且研究方向要瞄准这个领域的前沿阵地，也就是要向这个领域的科研高地发起冲击。毕业论文自然也是其学习研究的方向。硕导、博导的研究水平代表了这所大学的学术水平。

荷兰的瓦格宁根大学（瓦大）是一所将知识传授、科学研究和社会服务相结合的农业大学。瓦格宁根大学的博士项目一般需要四年时间，四年的博士项目由一小部分课程和专项课题研究组成，其中课程部分约占项目总量的15%。一位中国留学生撰文说，很多人对读博有误解，觉得读博就是"读书"，但其实这里读博和工作几乎一样。瓦大的博士四年，大部分时间都要在实验室进行研究，另外一小部分时间需要上课、代课、辅导低年级学生完成论文、参加学术交流及国际会议等，最后完成博士论文并通过答辩。

正因为瓦格宁根大学在农业科学研究方面一直保持着领先地位，让本是"小国"的荷兰农产品出口在世界上名列前茅，仅次于美国。我曾于1997年随四川代表团访问荷兰的农业，其间参观了与瓦大建立合作关系的农户。荷兰农业早已实现工业化，从营养罐自动输送到农户海椒根部的营养液，都是瓦大研制的。而这些营养液，又是根据气候、土壤以及市场需要不断变化而研制出来的。瓦大的科学研究与荷兰农业的发展紧密结合，可谓水乳交融。

高等教育必须与专业领域的实际相结合。本科毕业就应该熟练掌握笛卡尔方法论，硕士、博士应该运用笛卡尔方法论去研究与实践紧密相连的课题。可是现实状况并非如此，我们很多硕士生、博士生连笛卡尔方法论都不知道。当今不少大学提出要建成中国乃至世界的一流大学，雄心壮志固然很好，如何落到实处，却需要具体措施来保证，不然就是一句空话。大学是否达到一流水平，我认为有两条检验标准：一是教授和博导们要写出一批有价值的高质量的论文；二是博士生们要拿出一批有价值的高质量的论文。这个"价值"不是由学校自己说了算，应该由社会特别是一线机构做出判断。教授和博导们不懂得研究科技前沿的问题，没有一批有价值的高质量论文，说明师资队伍不强，一流大学又从何谈起？博士生们没有一批有价值的高质量论文，也只能说明培养出来的人创新能力不强，也不能说是一流大学。

建立科学的考试制度

一流大学自然要招收一流的学生，现在那些重点中学的学生是否就是一流的中学生呢？不见得。知识高分不一定就是能力高分，要想招收到能力高分的中学生，必须改革高考制度。而改革高考制度，得从考试方法改起。学校要检验学生学习方法的效果，可以减少考试次数，但考试必不可少。

学校教育要从以知识教育为中心转轨为以方法教育为中心，那么，考核学生学习效果的考试就不仅是考知识，更要考方法和方法论。考试的内容发生的这个重大变化，是为了检验方法教育的效果。

知识考试我们做了很多年，已经很有经验了，方法和方法论的考试怎么做呢？

首先要将过去的知识考试改为"知识＋方法"的考试。因为大中小学都要教方法和方法论，小升初、中考、高考是考核和衔接各学习阶段的措施，也要改为"知识＋方法"的考试。

大学招收硕士生和博士生，同样要经过严格的考试。如果说前面的考试是"知识＋方法"的考试，那么，硕博生的招生考试应该主要是方法论的考试。因为已经有了大学的基础，招收硕博生的考试应主要考其研究能力。所谓研究能力，就是运用笛卡尔方法论研究问题、提出解决方案、建立新的学问的能力。

总之，如何考出学生运用方法和方法论的水平，是建立新的考试制度的重要前提。应该组织教师队伍认真研究，不断探索，力争找到切实可行的出题办法。

硕博生的招生考试严格，毕业考核应更加严格。西方国家大学的博士研究生淘汰率约为 30%，而我国的淘汰率极低。研究生教育原本是为了培养少而精的理论型和研究型人才，以充实高等学校和科学研究部门，这是世界研究生教育的通则。我们过去也曾恪守这一宗旨，可是自 20 世纪 90 年代后，研究生数量急剧膨胀，官员和老板涌进校园争戴博士帽，很多人既不听课又不做实验或查阅文献，如何能达到博士水准的要求？

鉴于目前在职研究生的现状，必须进行大力整顿。凡是没有参加统一入学考试、没有全程上课和通过全部必修课程考试、没有写出具有创造性的论文、没有经过正规的论文答辩者，不能授予博士、硕士学位。今后宜减少从社会上招收在职研究生，每位博导每年只能招收1至2名学生。

建立以创新成果评判的职称评定制度

我们不仅要改革和建立科学的考试制度，还应该改革和建立严格的教师职称评定制度，保证他们能够把学生培养成为优秀的创新人才，真正做到"严师出高徒"。

近些年来，大学教授职称评定严重失范，致使不少教授名实不符。大学之间相互攀比，看谁的教授多、博导多，只追求数量，导致不少人滥竽充数。如果硕导、博导都不懂笛卡尔方法论，他们指导的学生又怎么会有创造性？

所以，要使用"知识＋方法"的考试办法考出学生有没有创新能力；同样，教师拿出高水平的论文是最起码的教授职称评定条件。而论文创新的等级以及在学科领域前沿阵地解决问题的等级，则是区分硕博导师的标准，因为我们的大学要依靠这些导师们培养创新能力强的人才。

当然，中小学教师职称等级的评定并不是以创新论文为条件的，而是依据教学教案的水平高低来评判。教学教案要充分体现方法和方法论教育的水平。

我国由于没有经历过西方科学技术革命，人们对科学思维方法推动科学技术的发展缺乏切身感受，对于笛卡尔方法论是科学技术发展的思维原动力缺乏足够认识。在教师队伍中，无论是中小学教师还是大学教授，很少有使用笛卡尔方法论取得创新成就的，因而对学生进行方法和方法论教育基本上是陌生的事情。从头学起，将是每一个教师的艰巨任务。

无论是改革和建立科学的考试制度，还是改革和建立教师职称评定制度，这些教育改革措施是否达到了目的，检验标准只有一个，就是培养出来的学生在各自的岗位上能不能交出优秀的答卷。

在教育的过程中，有各种各样的考试。凡是出题考试，往往难以考出真实水平，因为很多考试只能考知识；不出题的考试，恰恰考的是方法。学生走上工作岗位后，摆在面前的问题才是真正的考试，而且是开卷考试。看似没有题目，实际上到处都是考题。能否考出优异成绩，就看你的思维方法库里有多少新思维和灵活运用的程度。

我在《思维方法库》一书中提出了一个思维方法的规律："一个人对接受的信息做思维加工时，产生创造性思维成果的频率，与思维方法库存储的思维方法数量多少和层次高低成正比。"这个规律叫灵感频率定律，或者创造性频率定律。所谓层次高低，主要指方法和方法论两个层次，方法论的层次就比单个方法的层次高。

主体工程和配套工程

近年来，教育部连续推出几项改革措施：一是减少校内作业量，减轻学生负担；二是减少校外培训负担，从严治理校外培训机构；三是教师轮换制。之前还出台了关于学前教育、义务教育、普通高中改革发展等基础教育的改革措施。上海、北京等地率先推行大学区改革，在中考招生中大幅扩大分配到校名额，有力地遏制了学区房价格非理性上涨，逐步推进房产与教育脱钩。

这些教育改革措施的出台，都是听取了社会各个方面的反应后所采取的治理方法。我赞同这些举措，但是，只有这些措施远远不够。因为要培养学生的创新能力，根本办法还是要加强科学方法和方法论的教育，目前采取的那些措施，可以帮助维护学校的正常教学秩序，是学生学习的客观条件，是学生成才的外因。

如果说，以知识教育为中心转轨到以方法教育为中心，通过方法和方法论的教育培养学生的创新能力，是教育改革系统工程中的主体工程，那么，排除各种干扰、维护正常教学秩序的种种改革措施，就是教育改革主体工程的配套工程。外因和内因，是手段与目的的关系。如果仅仅在外因上做文章，只是治标不治本。

我国的高等院校在数量上已居世界前列，教育经费大幅增加，办学条件大大改善，高校毛入学率已达 23%，实现了高等教育的大众化，部分省市已步入普及化的阶段。但是，高速度也带来了一系列问题，教学质量下降，教授素质下滑。建设高质量的、培养学生创新能力的大学教育体系，已成为新时代教育改革的重要主题。

唯物辩证法认为，外因也是事物发展变化不可缺少的条件，但是，无论多么重要，外因还是只有通过内因才能起作用。所以，我们对症下药，功夫要下在提高学生的思维加工能力上，也就是下在打造思维方法库上。

当然，虽然外因处于次要地位，我们也不能因此忽视。有时候，外因甚至可以起到干扰内因的作用，如果不解决好相应问题，也会带来负面影响。所以，我们在抓好培养学生创新能力的同时，对种种外因也要做辩证分析，采取辩证施治的办法，争取取得较好的结果。

中国的教育改革是一个系统工程。教材、教师、方法论丛书三项措施，是系统工程的基础工程和主体工程，排除来自社会各方面的干扰，则是配套工程。主体工程与配套工程加起来成就一个完整的系统工程。只要长期坚持下去，提高学生的创新能力就会大见成效。

第十九章

方法论教育是改革的大方向

一百多年来，诺贝尔奖得主绝大多数来自大学。在获得诺贝尔奖的前 30 所大学里，美国就占了近三分之二。人们不禁要问：中国的大学为什么就培养不出诺贝尔奖的人才呢？

我们尝试用笛卡尔方法论来分析这个问题。首先用怀疑一切的方法去质疑。在网上搜索，人们对教育改革措施提出疑问的帖文数不胜数，七嘴八舌，众说纷纭。但仔细分析，你会发现这些文章大多没有触及教育改革不成功的根本原因。

逆向思维，从别人身上反观自己的问题

逆向思维启发我们，如果从自身找不到中国教育培养不出创新人才的原因，不妨反过来去研究西方的创新能力为什么强。这相当于照镜子，从创新能力强的人身上反观自己的问题。

西方发达国家近 500 年的创新成果远超之前的几千年。通读《现

代思维的诞生》就会明白，那是因为西方在现代思维运动中出现了笛卡尔方法论，500 年来的科学技术创新，遵循的都是笛卡尔方法论的思维路径。牛顿最先运用演绎法和笛卡尔方法论攻克万有引力，为科学家们树立了探索真理的榜样。从此，西方科学家纷纷使用演绎法和笛卡尔方法论进行科技创新，破解了一个又一个难题。人类有史以来的科学技术大革命，就在笛卡尔方法论的推动下诞生了。

18 世纪 30 年代，法国启蒙思想家伏尔泰在流放英国期间写信向法国人推荐笛卡尔和牛顿，他在信中说："笛卡尔给我们指明了通向真理的道路，而牛顿沿着这条道路走到了终点。"

一代接一代的西方科学家攀登科学技术高峰的实践有力地证明，笛卡尔方法论是探索真理的创造性思维路径，是人人都应该掌握的方法论。在整个科学史上，无论是自然科学还是社会科学，没有哪一个方法论能与笛卡尔方法论相提并论。

人的创新能力并非天生就有，而是后天培养教育的结果。在 16 世纪以前，西方人的创新能力远不及中国人。笛卡尔方法论出现后，西方国家的学校普遍将其用于教学并不断推广，使得他们的创新能力快速提高。

再反观我们中国，无论是演绎法还是笛卡尔方法论，有多少人了解呢？

两千多年前晏子使楚就运用了演绎法，可是我们对晏子使楚的演绎法熟视无睹，直到现在学生课本解读晏子使楚还只是"外交语言艺术的魅力"，只字不提演绎法的逻辑力量。

中国人在一千多年前就发明了指纹法，却一直没有人想要研究建立一门指纹学。19 世纪，西方人发现中国人使用指纹法，就使用笛卡尔方法论深入研究，仅仅二三十年之后就建立起一门指纹学，从此指纹法成为身份鉴定的重要手段。

笛卡尔方法论其实早就传入中国，可是，我们并没有认识到它"建立科学的科学"的意义，所以，即使现在不断扩大高校招生人数，学校也没有将笛卡尔方法论作为培养学生创新能力的武器。我们忙于引进和介绍西方先进的科学技术，却只重视传授知识，忽视方法智慧的教育。而创新能力的培养，就在于训练"建立科学的科学"的笛卡尔方法论的基本功。不能不说，缺乏笛卡尔方法论教育，是我们教育的最大失误。

方法是开启知识之门的钥匙，方法论是创新的统帅。只教知识，无论知识多么重要，都教不出创造能力。要想大幅提高中国人的创新能力，除了认真学习笛卡尔方法论，别无他法。

西方科学技术大革命和诺贝尔科学奖的历史告诉我们，笛卡尔方法论是通向新的科学技术高峰的唯一道路。只有学习好和运用好笛卡尔方法论，才能登上科学技术的巅峰。

摸准脉搏对症下药，打造现代化思维方法库

各界人士寻找教育改革不成功的原因，都是拘泥于表象，所以既没有摸准脉搏，更没有下对药。同样，教育部门也没有把准脉搏，没能对症下药。

外行摸不准脉实属正常，作为内行的教育部门为什么也把不准

脉呢？

其实原因只有一个，即无论外行还是内行，都没有学过演绎法和笛卡尔方法论，根本不了解笛卡尔方法论这个培养创新能力的最佳途径。

新浪博客中一位署名"清风老草"的博主，发了一篇《学笛卡尔"方法论"有感》的帖文。作者写道："人都想有所作为，都想望子成龙，但实际情况往往与期望相去甚远。为什么？原因很多，其中最为重要、最为常见、最为不被人所认识的原因，是没有掌握真正的方法论。""真正懂得方法论的人少之又少，对这个问题的衡量标准很简单，就是是否真正掌握了笛卡尔的方法论。"

连教育界都不懂得笛卡尔方法论教育的重要性，方法论成为多数人的盲区也就不足为奇了。我因为在大学上的是数学系，从高等数学中学到了演绎法等多种思维方法，也学到了"建立科学的科学"笛卡尔方法论。大学毕业后进入新闻界，我在工作中经常自觉不自觉地使用各种方法，取得了不少成就。特别是在报业市场化的时代，我运用笛卡尔方法论创办《华西都市报》，总结归纳出敲门发行学，使报纸发行量直线上升，开创了都市报在中国报业市场独领风骚的局面，我本人也因此成为都市报的领军人物。

退休之后，回顾自己的职业生涯，我深深感到，建设一个现代化的科学思维方法库，乃是当今大事。思维方法库决定人一生的经历和成就，人的所作所为取决于思维方法库。于是，我撰写了《思维方法库》一书，于2018年出版。其实，言而总之，办法只有一个，那就是踏踏实实地学习借鉴人类已经总结创造出来的科学思维方法和方法论。

也恰在此时，教育改革到底向何处去的问题再次被提上议事日程，随即成为各路媒体关注的焦点，也引起了我的浓厚兴趣和思考。透过各种各样的言论说辞以及错综复杂的表象，我认为这些措施的出台依然只是做表面文章，没有抓住教育的痛点，即没有帮助孩子建立思维方法库，学生学到了知识，却没有学会创造性思维的方法。因此，教育改革应当把"为学生打造一个现代化的思维方法库"作为目标来加以推进。

方法和方法论是人类智慧的结晶，思维方法库则是一个人能力和智慧水平的体现。一个人如果只有专业知识和方法，缺少在各领域普遍适用的哲学方法，最多也就是有点小聪明。只有掌握了逻辑思维和普遍适用的哲学方法，才能称得上有智慧的人。在此基础上，如果能够灵活运用笛卡尔方法论，那就是有大智慧的人。

现代化的思维方法库由两部分组成：一部分是科学技术大革命中科学家们总结出来的在各个领域普遍适用的哲学方法，比如演绎法、归纳法、分析法、综合法、数量变化规律、系统方法、比较方法、模型方法等；另一个部分就是笛卡尔方法论。一个人思维方法库的建设是人生的第一建设，按照爱因斯坦的要求，在学生时代就要完成。学生走上工作岗位之后，时时处处都在检验他运用思维方法库的能力，如果总是拿不出新的方案，无异于自我淘汰。

根据孩子成长的规律，思维方法库的要求也应该各不相同，随着认知水平的提高，思维方法库的标准也要不断提高。到了大学时代，大学生不能只研究理论，还应该联系实际，思考如何创新。到了研究生、博士生阶段，就更应该对准专业的前沿阵地，在前人已有的成就基础上寻找新的突破点。

为了帮助学生建立现代化的思维方法库，有两项工作必不可少：一是编写一套知识和方法并重的教材，二是打造一个可供家长和师生学习参考、提高方法论认识的书库。目前，图书市场上有关方法和方法论的读物奇缺，应该想方设法填补这一空白，为学生思维方法库的建设推波助澜。

第二十章

十年大计，百年大计，千年大计

我国自古就有"十年大计""百年大计"的说法，即所谓"十年树木，百年树人"。在这里，我要再加一句：千年大计。

或许有人会问：你将时间从十年、百年裂变成千年，那千年树什么呢？我们都不知道千年以后会是什么样。

我的答案是：千年树族（民族）。

人类思维的进化仍在继续

人类从人猿进化为人，并没有结束其进化的过程，进化仍在继续。这种进化除了生理上的变化，还表现在思维的变化上。两个进化互相促进。

但是，一个人活在世上只有几十年，最多一百余年，所以，人类自己不容易看到思维的发展变化。要想看清楚这一变化，必须有一个更长远的视线，至少要几百年，甚至上千年。

人类思维的进化可从不同族群间的差异中看出些许端倪。一些少数民族的语言文字就表明了他们的思维水平。尽管思维在不断进化，但进化的速度如同蜗牛爬行，极其缓慢。

一个国家应该有意识地推动国民思维水平的提高，这是关乎民族发展进步的大事。笛卡尔就是推动欧洲人思维进步的哲学家。在思维进化的过程中，中华民族也应该有一个笛卡尔。

做一个千年思维规划

中国正在向现代化的百年目标努力奋进，与此同时，不妨再做一个千年规划，这个千年规划只规划思维，而且要脚踏实地从现在做起。

我们不仅要做经济大国，也要做思维强国。发达国家的发达不仅体现于衣食住行，更体现在人的思维水平上。人类从人猿进化为人，也从此走上了探索如何思维、如何更聪明的道路。从原始社会到农耕社会、封建社会、资本主义社会、社会主义社会，社会制度在变，人类的思维也在变。每个地方，每个民族，每个国家，都在想办法使自己的思维不断进步，在这个过程中，又互相学习，互相借鉴。如果意识到这一问题的重要性，就会着意去做；意识不到，就会听其自然，放任自流。

推动思维的发展进步再难也要做。不做思维规划的民族，是短视的民族。

把"想"的问题作为民生大事来抓

我们要把老百姓天天都在"想"的问题作为民生问题来抓。一般而言，民生问题简单概括为衣食住行，我现在要加一个字：想。民生问题就是衣、食、住、行、想。

对于很多中国人来说，衣食住行是可以通过奋斗实现的，那么"想"呢？如何选择安排？很多人都说不出来。在我们的思维方法库里，有的是经验思维、利益思维、模仿思维，唯独没有现代科学思维方法。

中国曾经历过长时期的贫穷落后，落后的原因很多，而根本原因是教育的落后，思维方法的落后。要彻底改变这个状况，必须让每个人的思维方法库丰富起来。

老百姓"想"的事情远比衣食住行要多。房子、汽车可以使用很多年，想的事情却时时在变。而且，衣食住行的解决也要靠自己去想。想的水平提高了，衣食住行的水平也就提高了。所以，"想"的问题与衣食住行同等重要。一个人如果解决不好"想"的问题，那么，他就只是穿着名牌衣服、吃着山珍海味、住着高楼大厦、坐着豪华汽车的高级动物。

哲学不应该只是少数精英研究的问题，它与老百姓的生活息息相关，要让老百姓也能读懂哲学图书，而且照着去做。

为什么要纪念笛卡尔？

笛卡尔是一个梦想推动人类思维进步的人。他总结了一套方法论的办法，用于实践，立竿见影。在他去世三百年后，欧洲人依然用各种方式纪念他。

笛卡尔的《方法论》让西方人找到了让自己变聪明的钥匙，孕育出许多伟大的科学家，人们看到，《方法论》带来了裂变式效应，一扇又一扇科学的大门被推开，一朵又一朵"蘑菇云"在欧洲大地腾空而起。

不过，任何事物被认识和接受都有一个过程，最初，笛卡尔提出的方法论并没有得到社会认可。1650年，笛卡尔在瑞典去世。当时，仅有一家报纸做了报道，报纸使用讥讽的语言说道："在瑞典死了一个疯子，他以为人能任意地活下去。"出殡时，只有几位友人为笛卡尔送行。

仅仅过了十几年，人们便意识到了笛卡尔的伟大，承认他是时代的先知。1667年，法国将他的遗骸运回巴黎，安葬在巴黎的名人公墓圣格内弗埃－蒙特的圣堂中，并举行了隆重的悼念仪式。1799年，法国政府又把他的遗骸供奉在法国历史博物馆中，与法国历史上的著名人物并列在一起。1819年，笛卡尔的遗骸被再次请出，安置到先圣祠，供后人瞻仰。他的墓碑上写着"笛卡尔，欧洲文艺复兴以来第一个为人类争取并保证理性权利的人"。笛卡尔墓地规格的一再提升，也反映了人们对他认识的不断加深。1896年和1937年，世界多地举行哲学研讨会和活动，纪念这位伟人和《方法论》

问世。

笛卡尔是怎样一个人呢？笛卡尔出身贵族，是个富二代，父亲是布列塔尼地方议会的议员，拥有一份相当可观的地产。他在中学学习 8 年，接受了传统的文化教育，毕业后进入普瓦捷大学学习法律与医学，后获得学士学位。父亲死后，笛卡尔继承了丰厚的遗产，他把地产卖掉，用钱再去投资，得到一笔每年六七千法郎的收入。他带着"银行卡"四处游走，衣食无忧。

笛卡尔从不追求金钱和权力，也不追求名誉，没有正式的工作和职位，与法国政府没有任何瓜葛。他做研究，既不为高学历和学位，也不为高级职称，只是为了自由自在地从事自己喜欢的事情，不受宗教神学的限制。得知伽利略被关起来的消息后，笛卡尔匿名出版了《方法论》。所以，《方法论》出版后很长一段时间内，读者并不知晓作者的真实身份。

不为名，不为利，其实笛卡尔真正追求的东西只有一样，就是他所说的"真正的真理"。他坚持要把所追求的真理写出来，启迪人们提升思维能力。他先后出版了几本阐释方法论的专著，实现了自己的平生夙愿，也耗光了全部家产，以致最后贫困潦倒。

他或许不曾预料，半个世纪之后，他的《方法论》引发了西方轰轰烈烈的科学技术大革命。

让一部分人的思维方法库先富起来

要想让中国人的思维尽快摆脱落后现状，没有捷径可走，唯一的办法就是：学习学习再学习。先追赶，再谈超越。

应该在全民范围内普及现代科学思维方法的学习教育，长此以往，坚持下去，总会见到成效。不要嫌时间长，也不要嫌速度慢，虽是千年大计，也要只争朝夕。只有实现思维强国，才能实现科技强国。

普及科学思维方法的教育，首先应该让一部分人的思维方法库"先富起来"。

第一个应该"先富起来"的人群是精英阶层，包括政府精英、知识精英、企业精英、商业精英等，这部分人掌握着各领域的决策权和话语权。第二个"先富起来"的人群应该是大学生群体，现代科学思维的考试合格才允其毕业。第三个应该"先富起来"的人群，是那些有高级职称的人士，不能享受着高级职称的待遇，思维方法水平却只有中小学生程度。

如上所述，当今中国自认为有层次的人都应该使自己的思维方法库"先富起来"。不要权位很高、财富很多、职称响亮、文凭一堆，方法库却一贫如洗。

当然，让一部分人思维方法库先富起来也只是权宜之计，最根本的办法还是全民科学思维的普及教育。现在一个家庭投资，首先考虑的是下一代的智力开发，国家也应如此。从长远来看，应将全民的智力投资放在首位。单位工作中的一项重要事情，就是要对员工进行现代科学思维的普及培训，甚至可以参照统一标准组织考试。如果考试合格的人多，这个单位的工作效益肯定会大大提高。

进行思维考试，不妨借鉴雅思考试的办法，将考试分为三个等级：

一级考试，只考一种思维方法——演绎法，这是最基础也是最重要的逻辑思维方法。

二级考试，考哲学方法体系中所有普遍适用的方法，如演绎、归纳、观察、实验、抽象与概括、比较与分类、时间与空间、分析与综合、统筹、模型、整合、博弈等。

三级考试，考查笛卡尔方法论的知识和运用。

总而言之，提高整体国民的思维方法水平，把我国建设成为思维强国，乃是千年大计。

一道方法论的公开测试题

在本书结束的时候，我要给读者朋友们出一道方法论的公开测试题。

这是发生在 2020 年 11 月网红丁真的故事。

丁真是四川省甘孜州理塘县一个藏族人家的孩子，本名扎西丁真，他每天在山里放牛放羊，过着淳朴甚至是有点原始的生活。2020 年 11 月 11 日，丁真去舅舅家吃中饭，恰好遇到短视频博主胡波在拍摄《世界高城的微笑》系列短片，此前多以丁真的舅舅为拍摄对象。20 岁的康巴少年丁真身穿藏族服装，一张帅气的脸庞，淳朴的笑容、纯净的眼神和自然的肤色，一下子让胡波兴奋起来。他对准丁真拍个不停，然后将视频发到网上，谁知瞬间圈粉无数，点击量迅速突破千万。网友们把丁真称为"甜野男孩"，意思是他身上兼有野性和甜美的魅力。在此之前，丁真不过是个普通的康巴小伙，没念过多少书，到过最远的地方是县城理塘，平时最爱骑着他的小白马"珍珠"在原野上奔跑，最大的愿望是赛马第一。

丁真几天之内火爆网络，引起各方关注。11月18日，理塘县文旅投资发展有限公司和丁真签约，丁真成为理塘县形象代言人，每月有3500元薪酬。他的第一份工作是拍摄家乡旅游宣传片。也就是第二天，11月19日，网上发出了丁真的第一条抖音视频，他骑马绕着雪山纵情驰骋，清冽的雪水溅到脸上，标志性的、温暖的笑容贯穿全片。

11月25日，丁真参与拍摄的首部微纪录片《丁真的世界》首发，3分18秒的视频中，丁真在雪山、草地、湖泊边骑马、放牛，蓝天白云，清澈的高原风光，让观众不由得心生向往。理塘县的美丽景色和风土人情在丁真的马背上、奔跑中、眼神里、独白中……一一呈现。丁真彻底引爆网络，搜索量直线上升。11月30日，携程发布的统计数据显示，11月20日起至11月底，"理塘"搜索量猛增620%，比国庆假期翻了4倍。部分平台上甘孜藏族自治州酒店预订量较上一年同期增长89%。

更有趣的是，丁真的火还引发了"地域之争"。丁真在一个网友采访中被问到现在最想去哪里，丁真不假思索地回答：拉萨。这个回答很快造成一个误会，很多人以为丁真在西藏。于是有人说准备去西藏看丁真。一个超级热搜产生，投票结果，三分之二的网友都以为丁真是西藏人，西藏的关注度陡然提升。西藏连发 3 条呼喊丁真的动态，邀请丁真去西藏游玩。四川文旅坐不住了，赶快出来纠偏：丁真是地道的四川人。尴尬的丁真只好连夜写大字、学普通话证明：我的家乡在四川理塘。

在你来我往"争夺"丁真的过程中，川藏双方都放出了自己的"王炸"。西藏日报放出的是雄伟的布达拉宫，四川日报则用国宝大熊猫回应。没想到，这样的趣斗也引起其他省份的注意。率先加入"丁真争夺战"的省份是"好客山东"，他们盛情邀请丁真。瞬间"山东也想拥有丁真"冲上了热搜。网友还没有弄明白，又有 6 个省相继加入"丁真争夺战"之中。

11 月底的一天晚上，凤凰卫视《全媒体大开讲》栏目将丁真现象作为热点反复讨论，说丁真对理塘县当地的旅游业起了极大的推动作用。

根据上面提供的信息，请您用方法或方法论对它做思维加工，可以引入另外的资料或信息，看看最后会得出什么结论。注意：该测试没有标准答案；答案可以多种多样，但一定要既有价值，又有可操作性，能够付诸实践，产生好的效果。

　　为什么出这样一道方法思考题呢？第一，这是一个随机现象，又是一个热点话题，大家都不陌生；第二，我本人已经有了一个思维加工的结果，并且是一个重大主题的策划方案，具有浓烈的时代特色，拟在以后伺机推出。所以，这道测试题并非无解。那么，您的答案呢？

参考书目

（法）R.笛卡尔:《方法论》，辽宁大学出版社 2015 年 7 月版。

（法）R.笛卡尔:《探求真理的指导原则》，管震湖译，商务印书馆 1991 年 1 月版。

（英）牛顿:《自然哲学之数学原理》，王克迪译，北京大学出版社 2006 年 1 月版。

新浪博客:《湖畔风铃的博客：现代思维的诞生》。

王梓坤:《科学发现纵横谈》，湖北科学技术出版社 2013 年 4 月版。

席文举:《传媒方法论》，中国社会科学出版社 2021 年 1 月版。

刘冠军、王维先编著《科学思维方法论》，山东人民出版社 2000 年 4 月版。

席文举:《思维方法库》，南方出版社 2018 年 10 月版。

（美）罗宾·蔡斯:《共享经济》，王芮译，浙江人民出版社 2015 年 9 月版。

楚渔:《中国人思维批判》，人民出版社 2010 年 1 月版。

（美）布鲁克·诺埃尔·摩尔、理查德·帕克:《批判性思维》，朱素梅译，机械工业出版社 2014 年 9 月版。